タカシ君は大学生
就職も決まり、
悠々自適の生活のはずが…!?

マンガでわかる司法の現状

タカシ君の受難

現代人文社編集部＋
司法ライターズユニオン作
藤山成二画

※欄外の表示は、本書の参照Qです。

Q26・Q27

Q13

Q26

裁判費用ってどのくらいかかるのかしら?
さぁ…
法律事務所
そば
ファミコン 3F
たしかこのへんなんだけどなぁ
裁判ねェ…
四〇万くらいの少額の裁判はかえって難しいんです なかなか回収できないですよ
裁判をすることがあなたのためになるとはかぎりませんよ!
着手金一〇万円と訴訟費用がかかりますよ 勝訴したら成功報酬を一五%いただきます
あまり残りませんけどどうしますか? それでも裁判をやりますか?
なによあの態度! こんなことなら極悪組のほうがよっぽど頼りになるわ!
あッすみません
相談料一時間で一万円いただきます

Q12

やぁリエちゃん
このあいだは
ありがとう
こんにちは
図書館から
借りてきたんだけど
これ読んでみたら?
本人訴訟のすすめ
それなら
もう読んだよ
え!?
僕 弁護士
つけないで
裁判やることに
したんだ!!
すごい!
私も協力
するわ!
易裁判所
第1回口頭弁論
このペースじゃ
今夜も徹夜で
仕事だな……
早く解決
しないと……
和解室
被告にも
それなりの
言い分が
あるよう
ですから
半額の
二〇万円で
和解しません
か?
でも僕は
あの四〇万がないと
困るんです!
学費も払わなきゃ
いけないし……

Q5

Q27・Q31・Q32
先生！ 娘が医療ミスで死んでからもう三年になるんです いつまで裁判を続ければ判決が出るんですか
本当に勝てる見込みはあるんですか？
私も全力を尽くしているんですが……
キーッ
キーッ
リエちゃーん
勝ったよ！ 全面勝訴だ これから会社に行って支払ってもらう！
A社事務所
Q29
判決がなんだ！ 俺は払わないぞ！ 強制執行でもなんでもやってみろ！
取れるもんならとってみろ！
………！
ウァーーッ!!
グラ
な 何だ！ やる気か!!

S市警察署
被害者はお前が灰皿を持って殴りかかってきたと言っているぞ
取調室
そんなことはしてません！
じゃあなんで灰皿にお前の指紋が残ってるんだ!!
お前が灰皿で殴ってケガをさせたんだろう！
僕は殴っていません社長が勝手に転んだんです
強情な奴だなぁ意地を張ってるといつまでも外に出られないぞ！
Q34
Q36
あの……弁護士さんに相談することはできないんですか……
そりゃ……できないこともないが……知り合いの弁護士はいるのか？
……いません……
お前　弁護士を雇う金はあるのか？
ありません……！

取調べだぞ
出なさい
カチャ
黙秘なんかしてると
今日の取調べも
夜中までになるぞ
素直に罪を認めて
早く外に出たほうが
いいんじゃないか?
わかりました
…………
やっと吐きましたよ
まったく……
それじゃ
ここところに
署名して
起訴後
国選弁護士の
吉田です
ご苦労様
です
えっ!?
嘘の自白調書に
サインして
しまったって!?
だって……
しかたなかったん
だ……
弁護士がついていれば
こんなことには
ならなかったのに……
じゃあ　どうして
もっと早く来て
くれなかったん
ですか——!!
…………
…………
Q 36

第1回公判
起立
礼
あんなに疲れちゃって…大丈夫かしら……
証人尋問
ほんとにヤクザのような奴で 私は灰皿を投げつけられて 殴られて…
被告人尋問
被告人証言席へ
たしかに一瞬カッときて灰皿を掴みましたでも思いとどめてやめたんです
灰皿で殴ったり投げつけたりはしていません！
あなたは「灰皿で殴りました」と自白しましたよね
あれは嘘なんです！
じゃあどうして署名したんですか？
朝から晩まで尋問されている間に頭が混乱してもうどうでもよくなってきて……
だんだんタカシ君のほうが不利になってるような気がするわ
Q34

いまの事件
どない
思わはる？
被害者の
証言が一貫
していない
ような気が
するなぁ
「灰皿で殴られた」
と言ったり「灰皿を
投げつけられた」
と言ったり
Q 38
私かて一日中
取調べ受けたら
嘘の自白をして
しまいますがなぁ！
あの人
真剣な目を
してたよな
もっとあの青年の
話を聞かないと
よくわからないよね
あの　私にも
詳しくお話を
聞かせていただ
けませんか！
裁判を傍聴する市民の会
裁判官の常識
と市民の常識
とのズレがある
のも問題だ！
司法改革の
なかで変えて
いかなきゃ！
Q 40
こんなに真剣に
司法制度について
考えてる人たちが
いるなんて知らな
かった……
それから数カ月……
止めろ！
よぉ
お二人さん
聞いたぜ
兄ちゃん
ヘマやったん
だってな

シロウトが裁判なんか
に手を出すからよ！
今度なにかあったら
俺に電話しな
うまくやってやるから

結局　裁判では
タカシ君の主張は認められず
懲役一年執行猶予三年の
有罪判決が下された

タカシ君の経験は
現在の司法制度の問題点を
照らし出すものだ

だからこそ
いま「司法改革」が
求められているのである

司法改革Q&A もくじ

無実の罪で泣く人がでないように

いま、私たちにできること

コラム

資料

Q1

いま、なぜ司法改革か

現在の司法制度にはどのような問題があるのでしょうか?

●「二割司法」

国民の間には、司法制度は利用しづらいというイメージが根強くあります。そのように国民が考える理由はどこにあるのでしょうか?

たとえば、正当な理由もなく会社をクビになったとか、アパートを明け渡しても敷金を大家が返してくれないなんて場合に、どうしていますか? そんなときに弁護士に頼んで訴訟を起こしますか? 実際には起こさない人がほとんどでしょう。

なぜでしょう? そういうときのために、裁判所や弁護士が存在するのに。

このように、実際の紛争で裁判を利用しているのは全体の二割程度、司法は二割しか機能していないということを「二割司法」などといったりします。この「二割司法」という言葉は、一九九〇年に中坊公平氏が日本弁護士連合会(日弁連)会長に就任して以来、司法改革の必要性を端的に示すキーワードとしてさかんに主張されたもので、現状の司法を表す象徴的な言葉といえるでしょう。

司法とは、紛争が発生した場合に、法を適用してそれを解決する国家作用のことをいい、裁判所がその役目を負っています。法の支配を標榜する現行憲法の下、公正で透明な法律によって社会は律せられていることになっています。

しかし、市民が司法を利用しない——。これが現在の司法制度の最も大きく、根本的な問題点といえます。その原因を明らかにし、市民の誰もが容易に司法を利用できるようにする、これが司法改革の最大のねらいなのです。

●費用の問題

では、二割の人が実際、現在の司法制度を利用しているとして問題はないのでしょうか? そんなことはありません。問題は山積しています。

まず、裁判にはお金がかかるという問題があります。訴訟を起こすと、訴額に応じて手数料がかかり、これを裁判所に納めなければなりません。この提訴手数料がかなり高額であるということが指摘されています。

さらに、裁判費用に大きなウエイトを占めているのが、弁護士に対する報酬です。訴訟代理人は、基本的には弁護士に依頼するのが通常ですが(代理人〔弁護士〕をつけずに、本人自ら訴訟を追行する本人訴訟も当然可能ですが、法律の素人ではやはり限界があります)、この弁護士に対する報酬というのが、いったいどの程度かかるものなのかが不透明であり、そしてそれが高額にのぼることが多く、これもまた国民に裁判を利用しづらくさせている原因の一つです。

このように、せっかく裁判を利用して紛争を解決しても、このような経済的負担を負うのであれば「割が合わない」ということになってしまうのです。

●時間の問題

次に、裁判は時間がかかるという点です。地裁における民事事件の平均処理期間は約九・三カ月です。これが、医療過誤訴訟になると、平均審理期間が三三・五カ月、さらに知的財産権訴訟などの高度な専門知識を要する訴訟になると相当の年月を要しています。

そのため、国民の間ではすっかり「裁判とは時間がかかるもの」というイメージが定着するのも無理はなく、またそのイメージのために、司法に対する期待も薄くなってしまっているのです。

さらに、裁判手続にアクセスするポイントが少ないということがあります。

これは、最初の窓口の問題です。紛争が発生しても、それについてどのような裁判利用手続をとることが最善であるかについての適切なアドバイスが受けられていないということです。また、地方によっては弁護士の数の少なさということも大きく影響しています。

また刑事事件では、被疑者段階で国選弁護人がつきませんから、資力のない人は独力で捜査機関の取調べに耐えなければなりませんが、つい不安や孤独感に負けて、捜査機関の誘導どおりの自白をしてしまったりすることもあるのです。

さらに、国を相手に行政訴訟を住民が起こしたとしても、ほとんど国側勝訴に終わり、相手にもされない場合も数多くあります。

このように、現実の司法制度が必ずしもうまく機能してはいないことが、国民の司法離れにいっそう拍車をかけているといえます。

そういう状態をこれまで手つかずで放置していたということ自体、異常なことだったのかもしれません。司法に関する財政規模は国家予算の〇・四％にすぎないというのですから、国民の意識のなかに司法というものが希薄なのも当然だといえます。

しかし、本当に司法がこんなにも弱い社会でいいのでしょうか？　行政は、国全体の利益を考えていろいろと措置を講じてくるのであって、国民一人一人に実際に起きた紛争や揉めごとを解決してくれるわけではありません。現実に紛争が起きても、きちんと自分の正当な権利・利益を守ることのできるシステムが司法なのです。

今回の司法制度改革は、そんな司法という社会インフラを、市民が最大限に利用できるようにするのがねらいなのです。

Q2

いま、なぜ司法改革か

最近、司法改革についての議論が活発になってきたのはなぜですか？

司法改革についての議論はまったく異なる二つの方向から出てきました。

一つは日弁連からの動きであり、もう一つは政府・財界・自民党からの動きです。ここで、大雑把にその二つの流れを遡ってみましょう。

●日弁連からの動き

日弁連の司法改革の動きは、一九九〇年日弁連会長に就任した中坊氏の提唱により、「司法改革に関する宣言」によって始まり、同年刑事弁護センターが発足し、当番弁護士制度が設置されました。そして、「市民のための司法」を旗印に、次々に司法改革に関する提言を行い、一九九五年に「司法改革全体構想」を打ち出し、改革活動を繰り広げていきました。

こうした流れのなかで、「いつでもどこでも誰でも法律相談ができる」という法律相談センターの設置活動が行われ、九六年五月には、日弁連総会において、緊急対策として五年以内にいわゆるゼロワン地域（Q13参照）を中心に法律相談センターを作ることを宣言し、九九年七月までに設立された法律相談センターは、全国で一四五カ所、ゼロワン地域七三カ所のうち、同年九月までに三三カ所に設置され、今後も引き続き設置活動が行われているという状況です。また、一方で、資力に関係なく誰もが法的援助を受けられることをめざす法律扶助拡充活動も行われ、法律扶助件数も年々増加しているという状況です。

こうして日弁連は、一九九八年一一月、司法のあり方と課題を総合的に明らかにした「司法改革ビジョン——市民に身近で信頼される司法をめざして」を、理事会決議のうえ公表しました。その最も大きな特徴は、「市民のための司法」を実現するということにあります。

●政府・財界・自民党からの動き

政府関係——一九九四年に発足した行政改革委員会は、九五年の意見書で、また九七年に同委員会の規制緩和小委員会の報告書で、法曹人口の大幅増員と外国弁護士の受入れに関する規制緩和を提言しました。一方政府でも、行革委の意見を取り入れつつ、規制緩和の一環として司法改革を位置づけ、規制緩和推進計画の項目に、弁護士の増員、弁護士事務所の法人化、隣接業種との関係などを取り上げています。

財界関係——財界では、経済同友会が日本経済の仕組みを変える具対策として、司法機能の強化を打ち出し、法曹人口の大幅増員、法律扶助制度の充実などを掲げ、司法のあり方に対して根本的な検討を行うための機関として「司法改革推進審議会」の設置を提案しました。

また経団連も、九八年二月、政府に対する「規制緩和要望」に「法曹制度の見直し」を入れ、同年五月、自民党に問われ、「司法改革についての意見」を発表しました。そこでは、司法の人的インフラとして法曹人口の増員、法曹養成のあり方、弁護士のあり方、そして司法の制度的インフラとして裁判の迅速化、民事執行制度の充実などが提案されました。

自民党──九七年六月、自民党は、政務調査会のなかに司法制度特別調査会を設置し、同年一一月「司法制度改革の基本方針」を策定、そして九八年に「二一世紀の確かな指針」を打ち出しました。そこでは、かなり幅広く総合的な見地から、「透明なルールと自己責任」をキーワードに、司法制度審議会の設置を含めた提言が行われました。

●司法制度改革審議会の発足

こうした動きを受けて、九九年二月、政府は閣議決定を経て、司法制度改革審議会設置法案を国会に提出し、各議院の法務委員会で審議された結果、一四五回通常国会にて法案が可決されました。そして、同年七月二七日に司法制度改革審議会が発足しました。

審議会の委員には、司法改革が市民、ユーザーのための司法の実現をめざしていることを反映し、法曹界、学界に限らず広く財界や消費者団体、労働組合、小説家（曽野綾子さん）等から一三名の委員が選出されています。

そして審議会の会長には、過去に行政改革の中枢であった行政改革会議で活躍した佐藤幸治氏（京都大学教授）が選任され、日弁連の会長時代から司法改革の必要性を提言し続けてきた中坊公平氏も委員に選出されており、審議会の方向性に大きな影響を与えています。

そして、この審議会は、九九年一二月の「論点整理」を経て、以後当該論点に沿って審議が重ねられ、二〇〇〇年八月までの段階で二八回に至っています。

審議会では、各委員によるレポートをはじめ、最高裁、法務省、日弁連のプレゼンテーション、有識者からのヒアリングによって、多角的に意見を収集したうえで審議を重ねています。

一方、地方公聴会などを通して、市民の声も取り入れ、また委員を海外実状調査に派遣するなど、広い視野に立って比較的充実した審議が行われています。そのもようは、ホームページ上でも公開されています（なお議事録は、『月刊司法改革』〈現代人文社刊〉に全文が掲載されています）。

今後、この審議会は、二〇〇〇年一一月頃の中間報告を経て、二〇〇一年七月頃の答申まで継続して行われていきます。

Q3

いま、なぜ司法改革か

各団体の主張はどのような点が違うのですか？

日弁連の主張も、政府・財界・自民党の主張も、現在の司法制度は十分に機能していないという点では認識は一致しています。ただ、ユーザーの利用しやすい司法を実現すべきであるという点は共通なのですが、それぞれの団体が予定している「ユーザー」の内容が異なります。日弁連の考えるユーザーは「一般市民」であるのに対し、財界等が考えているのはあくまでも「企業」です。そのため、各団体が主張する具体的処方箋のアイデアも相当に異なってきます。

　とくに異なる点を浮き彫りにしてみましょう。

●市民のための司法

日弁連は、「市民のための司法」、「市民と同じ目線に立った司法」という理念を標榜しています。そのために、司法官僚制を打破して法曹一元を導入し、市民感覚のある裁判官による裁判、また裁判官の選任過程にも市民を参加させるという仕組みや、市民が直接司法に参加するために陪審制・参審制を導入すべきであると主張します。そして、そのような制度を実効化する前提として、法曹人口の増員が必要になるし、増員するためにはその養成システムをしっかりしなければいけないということで、ロースクール構想なども出てくるわけです。

　また日弁連は、刑事裁判の現状、すなわち、捜査機関が代用監獄で弁護人の立会いもないまま被疑者を一方的に取り調べ、自白調書を作ってしまうという構造、またその調書を基本に公判が進められるという構造を問題視しています。

　さらに行政訴訟では、国側に偏った判決がなされることが多いという状況に鑑み、このような構造や状況を打ち破るためにも司法官僚制を打破しなければならず、そのためにも抜本的な司法改革が必要であると考えているわけです。

　したがって、日弁連の提唱する司法改革においては、法曹一元、陪審制・参審制が最も重要な項目であるといえます。

●規制緩和社会を支える司法

一方、政府・財界・自民党は、「規制緩和を担保するための社会的インフラとしての司法」が理念です。規制緩和政策により、行政による保護が撤廃ないし緩和されることで、自己責任と市場原理の働く社会へと移行します。そこで、自由競争のなかで起こる紛争が透明かつ公正なルールによって処理されるというシステムが、機能している必要があるのです。

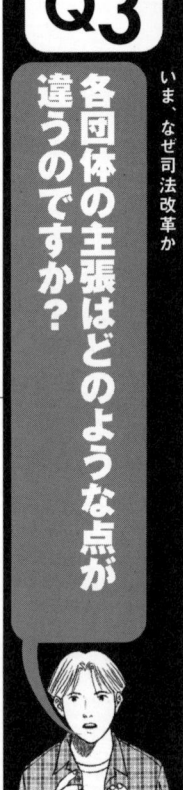

まさにそれを使命とするのが司法であり、それを存分に利用していくための手助けをするのが法曹です。であれば、その法曹の数が少なくては困るわけです。法曹人口の増員が必須項目なわけで、そのために充実した法曹教育システムも必要になってきます。

また、とくに大企業では、紛争も国際化、専門化していきますから、それに対応できる弁護士をも必要としています。

以上のように、出発点は異にしますが、その二つの流れは司法制度改革審議会というかたちで合流することになったのです。この審議会での決定は実効性をもつものです。したがって、いま行われている審議会での審議はきわめて重要であり、二一世紀の司法のかたち、ひいては二一世紀の社会そのものをある程度枠づけてしまうだけのインパクトがあるのです。

【各界の主張対照表】

	最高裁・法務省	日弁連	政府・財界・自民党
法曹人口	・量より質を重視	・質と量の双方の引き上げ ・隣接業種の権限拡大には慎重	・質より量を重視 ・隣接業種の権限拡大
法曹一元 （Q18参照）	・法曹一元制度の導入に消極的	・法曹一元制度の導入に積極的	・法曹一元制度の導入にやや消極的
法曹養成	・現行司法修習制度を維持	・ロースクール構想 （Q11参照） ・新たな司法研修を構想	・ロースクール構想
民事司法改革	・専門参審制の導入には積極的 ・簡裁の事物管轄の拡大	・弁護士費用の敗訴者負担については慎重 ・簡裁の事物管轄の拡大には慎重	・専門参審制の導入には積極的
刑事司法改革	・争点整理 ・裁判所の訴訟指揮権拡充 ・公判期日の集中化	・被疑者段階の国選弁護人制度の導入 ・証拠開示の範囲拡大	・争点整理 ・裁判所の訴訟指揮権拡充 ・被疑者段階の国選弁護人制度の導入
国民の司法参加	・陪審制には慎重	・陪審制・参審制の導入	・専門参審制の導入

Q4

経済大国・司法小国

司法の予算はいまのままで十分ですか？

●司法小国

明治政府が近代日本を構築し始めて以来、国家予算のなかで、司法関連予算がいちばん多かったのは明治二三（一八九〇）年の三・二％でした。ただ、この予算は、現在の裁判所と法務省とを合わせた組織に与えられたものですから、三・二％すべてが裁判所関連の費用として使われたものではありません。

現在（九七年）の裁判所・法務省合わせた予算の割合はおよそ一・一％になっており、現行憲法の下で司法権の役割がより重視されなくてはならないのに、明治時代よりも予算は抑制されているような状況です。

●産業中心の国内政策

現在の司法関連予算はどうなっているでしょうか。一九九七年の総支出額（一般会計歳出総額）は七八兆四七〇三億円で、そのうち裁判所は三〇五六億円（〇・三九％）、法務省は五七一二億円（〇・七三％）です。

広い意味での司法関連予算としてはこの二つが挙げられ、合計しても八七六八億円（一・一％）にしかならないわけですが、こうした「小さな司法」傾向は、同じ年、大蔵省には一七兆五八二七億円（二二・四％）、自治省には一五兆五八九五億円（一九・九％）、厚生省には一五兆五〇六一億円（一九・八％）が費やされていることと合わせて見てみるとより明らかです。日本の国家財政のあり方には、司法の容量は小さいままで、産業振興面のみに力を入れるという特徴がみられます。

●全体の〇・四％足らずの予算

裁判所関連の予算は、一九九五年が二九六二億円（〇・三九％）、一九九六年が三〇三七億円（〇・三八％）、一九九七年が三〇五六億円（〇・三八％）と、軒並み国家予算全体の〇・四％足らずのレベルで低迷したままです。

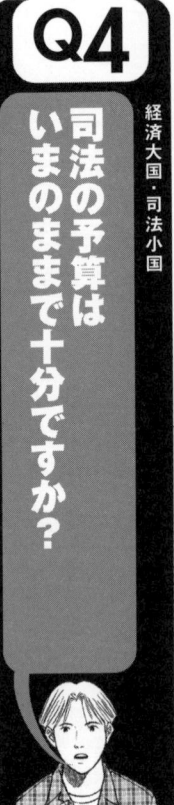

こうした億単位の数字ばかり見ていると「小さな司法」の実感がつかみにくいかもしれませんが、先進諸国の国家財政が国民経済のなかでどのような位置にあるのかを踏まえ、そのなかで具体的に司法関連支出がどうなっているのかという点を比較していけば、日本のいびつな状況が少しはわかってくるかもしれません。

一九九七年の日本の国民全体の総支出金額は五〇四兆九八六七億円で、国家歳出はその一五％にあたる七八兆四七〇三億円ですから、この数字を見るかぎりでは、同様の割合が二九・八％になるイギリスや、約二〇％のアメリカ・フランスと比べ、日本は比較的小さな国家財政規模で、効率よく経済面での実績をあげているといえます。

●憲法三二条は「絵に描いた餅」

ただ、たとえば法律扶助額の国庫負担を比較してみると、日本は例年二億円に満たない状況が長く続き、九八年が四億円、九九年現在でも五億円程度でした。

それに対して、イギリス約一一四六億円（九四年）、アメリカ約四六二億円（九四年）、ドイツ約三六三億円（九〇年）、フランス約一八二億円（九三年）となっており、日本の半分しか人口のいない韓国でさえ約一四億円（九七年）など、かなりの違いが見られます。

このように先進諸国の状況が日本と極端に差があるのは、各国とも、「どのような状況にある者であっても等しく裁判を受けられるようにすべきである」という理念を、しっかりとした制度で補完しているためです。

日本でも、憲法上は「裁判を受ける権利」（三二条）が保障されていますが、それを補完する財源や制度は十分ではありません。

経済基盤の脆弱な発展途上国であれば、一時的に司法制度の整備・充実が経済発展の犠牲になるのもやむをえない面もあるのでしょうが、日本のような経済大国が、市民の権利を守るのに不可欠なはずの司法分野の支出を低く抑えたまま経済面の発達だけを推進していくことは、司法が正常に機能しえない事態を放置し続けていることを意味します。予算全体のなかで〇・四％しか裁判所関連の予算がない状況は、決して適正とはいえません。

●透明性の高い司法社会への変遷

司法改革の大きな流れの一つは、外圧で始まった規制緩和の流れを受けて、官僚主導の事前規制が崩れたところに端を発します。

旧来の事前規制が緩和されるにつれて、事後チェック機能を果たす司法の役割は大きくなってきており、必要に迫られた状況のなかで、貧弱な司法関連の予算を拡大していく動きも生じています。企業を守りかつ縛っていた行政機関による規制や行政指導がゆるむにつれ、従来の企業と行政とのもちつもたれつの関係は崩れ、かつては押さえ込まれていた裁判による紛争解決という手段は、自由競争下では活性化し始めています。また、行政の簡素化をめざした省庁改変はすでに実行されたものの、行政内部で規制緩和の状況を踏まえた組織のスリム化はまだまだ実現していません。

国民主体の透明性の高い社会をめざす事後チェック型社会への転換下では、司法の強化・充実は不可欠の課題となっており、新たな法曹養成制度の可能性を探り、また、法律扶助制度に予算を割り振る計画はすでに始まっています。

●法律扶助予算は五億から二二億に

法律扶助事業関連費用については、対外的な格差を少しでも是正するため、来年度予算では約二二億円と、従来の四倍規模に拡大される予定です。

ただ、近年の国内総支出は長引く不況の下で伸び悩みをみせ、景気回復を狙って積極的に行われた公共事業や、金融秩序維持のために費やされた費用は、十分な経済効果を生まないまま累積されて、国と地方自治体を合わせた赤字は六四五兆円にも膨らみました。二〇〇〇年の総支出のうちの四割は借金（国債）で賄わざるをえない状況を踏まえると、無計画な予算拡大は現実的ではありませんが、今後は、行政が民間や地方に権限や財源を委ね、行政自体をスリム化・簡素化していくことで削減された予算を、司法インフラ整備に振り分けていくことが求められるでしょう。

市民主体の社会の基礎を支える、頼りがいある「大きな司法」は、確実に産声を上げています。

コラム

「この国のかたち」と「法の支配」

司法制度改革において、「この国のかたち」という言葉がちょっとした流行になっています。司法制度改革審議会の「論点整理」でも、「一国の法がこの国の血肉と化し、『この国のかたち』となるために一体何をなさなければならないのか」「『この国のかたち』にふさわしい二一世紀のあるべき司法の全体像」などという文章で使われています。「この国のかたち」という言葉は、もともと司馬遼太郎氏のエッセイ集の題名ですが、これが行政改革審議会の最終報告で使われてから、他の国家の制度改革においても使われるようになりました。

ところで、「憲法」という言葉はconstitutionの訳語ですが、この言葉はもともと、構成、構造、組織といった意味をもっています。ということは、憲法という言葉は「国のかたち」という意味だということになります。いま、司法制度改革においては、「この国のかたち」の再構築がめざされています。それは、憲法を改正するという意味ではなく、憲法が本来めざしていた価値を本当に実現するということでしょう。

司法制度改革が実現しようとしている憲法上の重要な原理が、「法の支配」です。「法の支配」というのは、「人」による恣意的な支配を排して、「法」によって国家権力を拘束して、国民の権利・自由を擁護することを目的とする原理です。法によって国家権力を拘束するためには、司法権が十分に機能して、行政権・立法権をチェックする必要があります。ところが、これまでは「二割司法」といわれるように司法権が機能不全に陥っており、また、司法権を支える法曹の量も質も十分ではなかったのです。

ただし、「法の支配」を実現する「この国のかたち」は、国会や内閣が作ってくれるものではありません。「法」によって拘束される国家権力が、自ら「法の支配」を実現することは期待できないのです。市民が「この国のかたち」を改革する担い手にならなければ、それは形骸化してしまうでしょう。

法曹が足りない！

Q5 裁判官・検察官・弁護士の数は十分なのでしょうか？

●法曹人口が極端に少ない日本

　一九九七年現在、裁判官は約二九〇〇人（簡裁を除くと約二一〇〇人）・検察官は約二二〇〇人・弁護士は約一万六四〇〇人の合わせて二万一五〇〇人の法曹が活躍しています。日本の総人口は一億二六〇〇万人ですから、法曹一人当たりの担当国民数はおよそ五八六〇人となるわけですが、果たしてこれは十分といえるものなのでしょうか。最高裁事務総局調べの一九九七年のデータに基づき、欧米各国の状況と比べてみましょう。

　アメリカの法曹人口は約九四万人。単純な比較だと日本の四四倍もの法曹がいることになります。アメリカの総人口は日本の約二・一倍の二億七一〇〇万人ですから、法曹一人当たりの担当国民数は約二八八人となり、この部分で比較しても二〇倍の差があります。

　次いで法曹人口が多いのはドイツの約一一万人で、法曹一人当たりの担当国民数は七四五人です。

　総人口ではほぼ同規模のイギリス（五二〇〇万人）とフランス（五八〇〇万人）は、法曹人口を見ると、イギリス八万二〇〇〇人に対して、フランスはその半分以下の三万五〇〇〇人です。法曹一人当たりの担当国民数は、イギリス六三四人、フランス一六五七人となっています。

　法曹一人当たりの担当国民数が比較的多いフランスの一六五七人と比較しても、日本の五八六〇人はその三・五倍であり、この数字から、日本の司法の容量はいわゆる先進国のなかではかなり小さいことがわかります。

●隣接業種との関係

　もっとも、ここで注意しなければならないのは、欧米の弁護士の業務範囲は一般に日本の弁護士のそれよりも広く、司法書士・税理士・行政書士・社会保険労務士の業務を含んでいる場合が多いのです。そうすると、そうした業務を専門的に行う日本の他の隣接業種を法曹に含めて考えるならば、法曹人口は国際的レベルに一気に達することになり、法曹人口の問題は、本来の法曹と隣接業種との権限の関係を整理したうえで検討されるべき問題であるといえましょう。

Q6

法曹が足りない！

裁判官・検察官・弁護士の数はどのように決められているのですか？

●司法試験合格者数の抑制

長年にわたる恒常的な法曹不足の直接的原因は、司法試験の合格者数が抑えられてきたからです。

司法試験の合格者は、最高裁の統括の司法研修所で一年半の修習を経た後、それぞれ、司法の現場で中心的役割を果たす裁判官・検察官・弁護士として活躍するようになります。

司法試験は日本でいちばん難しい国家試験といわれ、合格には一〇年かかるといわれた時期もありました。現行の司法試験法が施行された一九四九年以降の数年間は、敗戦直後の法曹不足を補うため、合格率も五～一〇％と高率でしたが、その後は徐々に減り、一九七七年には、受験者約三万人に対して、合格者はその一・五九％の四六五人しか出ないという史上最低の合格率となりました。その後も合格率一％台時代は続き、合格者数は五〇〇人足らずで横這いのまま、法曹不足は深刻化していきます。

一九八〇年代後半のバブル景気期には、地味で転勤も多く、弁護士と比べると収入面での魅力にも欠ける裁判官や検察官の仕事は、司法試験合格者には好まれず、そのため、紛争発生件数が増加するなかでの人材不足はより顕著になり、現場の裁判官・検察官への負荷が過重になって、訴訟遅滞も目立つようになりました。

こうした人材不足の改善をもくし、一九九一年の司法試験合格者数は六〇五人になりました。これは、前年度の四九九人を一〇〇人以上も上回る増加で、以後、合格者数は年を追うごとに暫増へ転じます。

一九九六年からは、択一試験合格者（Q9参照）のうち受験開始三年以内の受験生を、論文試験において優先的に合格させるという合格優先枠制も採用され、二〇〇〇年からは論文試験・口述試験の科目がともに減り、受験生・試験委員双方の負担軽減策がとられています。

一九九九年の司法試験最終合格者は一〇〇〇人でした。これ以上の合格者増を進めるには、司法研修所の収容人員との関係で問題があり、法曹養成制度全体を見直す必要があります。

司法制度改革審議会では、日本の、法曹一人当たりの担当国民数（九七年は五八六〇人）を先進国中最下位のフランス（同一六五七人）並みにしたいとしていますが、その実現には、現在の法曹数を三・六倍にし、七万六〇〇〇人までに増やす必要があり、司法試験合格者を司法研修所で一括修習させる現行制度のままでは、短期間の目標達成は難しい状況です。

●「小さな司法」の選択

では、なぜこのように諸外国に比べ、日本の司法の容量は極端に小さいまま、いまに至っているのでしょうか。それには、日本の政治システムが「小さな司法」を意図的に選択してきたという歴史的必然の事情があります。

第二次大戦で敗けた日本は、経済力を迅速に復興させるため、自由競争下で国内産業が力をつけるのを待たず、官僚主導による「護送船団方式」の事前規制経済システムを採用しました。経済活動全般において各省庁は事前に細かな規制を設け、それをクリアした企業だけが市場に参入できる仕組みが事前規制経済システムです。

そこには、競争原理が働かない閉鎖的な状況が生まれ、横並びを重視した各業界団体は、官僚に働きかけて、より厳しい規制の壁を設けて新規参入者を排除し、既得権を温存させていきました。

自由競争が極端に制限された行政主導の管理社会が成立すると、紛争発生はあらかじめ最小限に封じ込めることができるようになり、小規模司法のままでの効率のよい経済発展が可能となりました。「司法は小さなままでよい」という考え方は、アメリカの過剰な訴訟社会から生じる弊害を反面教師として正当化され、国家レベルでも、裁判所関連予算が長年わずかな割合しか割り振られてきませんでした。

ここ一〇年間の裁判所への予算配分は、ほぼ〇・四％弱で固定化しており、これは、人件費を支払い、辛うじて現行制度を維持するだけで精一杯です。

たとえば、司法試験合格者一人を一人前の法曹に育て上げるのに一〇〇〇万円はかかるといわれていますから、予算の裏づけがないままでの法曹増員計画は「絵に描いた餅」となるでしょう。

不透明で公平性を欠いた事前規制システムに封じ込められてきた日本の「小さな司法」は、透明性を高め、事後チェック・事後監視・救済型社会への脱却をめざして、市民にとって頼りがいのある「大きな司法」になろうとしています。

Q7

法曹が足りない！

裁判官・検察官・弁護士の数をもっと増やすことはできるのですか？

●司法予算の拡大

法曹の総数を増やすのには、司法インフラ整備のため、裁判所や法務省関連予算の拡大が不可欠です。予算の増大は、司法試験合格者の増加促進を容易にし、また、裁判官・検察官をはじめとする裁判所・検察庁の人的基盤・設備基盤の充実へとつながります。

●法曹養成制度の改革

単純に考えれば、法曹を増やすなら司法試験合格者を増やせばよいということになるのですが、合格後一年半の司法研修所における修習を義務づけ、それが修了してはじめて法曹として認められる現行の司法修習制度の下では、司法研修所のキャパシティである年間一五〇〇人程度に合格者が制限され、短期間の法曹人口拡充は難しいといわざるをえません。

現行の司法試験制度は、誰でも何回でもいつからでも受験できる開かれた制度としての長所はあるものの、この制度を変えなければ、法曹の数を大幅に拡大することは不可能です。

司法制度改革審議会では、「二一世紀の司法を支えるのにふさわしい資質と能力(倫理面を含む)を備えた法曹」を、「豊かな人間性や感受性、幅広い教養と専門的知識、柔軟な思考力、説得・交渉の能力等の基本的資質に加えて、社会や人間関係に対する洞察力、人権感覚、先端的法分野や外国法の知見、国際的視野と語学力等が一層求められてくる」存在と定義づけ、こうした人材を質量ともに充実させるためには、法曹養成制度自体の改変が必要と分析し、アメリカの法曹養成制度を参考にしたロースクール(法科大学院)の新設構想が提案されました。

当初は、従来の司法研修所に代わる制度としてロースクール設立が議論されていたのですが、「法曹として実務に携わる前に実務修習を行うことの意義は十分に認められることから、少なくとも実務修習は法科大学院における教育とは別に実施する」とされ、理論教育はロースクール、実務修習は研修所でという並立案が出てきました。法曹三者が協力して全国数カ所に研修所に代わる実務修習のための研修センターを作る案もあり、具体的なあり方については、文部省において大学および法曹三者の参画の下に「法科大学院(仮称)構想に関する検討会議」が設けられ、検討されてきました。

●多様な増員方法の採用

司法制度改革審議会では、二〇〇〇年八月の集中審議において、新規法曹資格取得者を年間三〇〇〇人程度に拡大することを合意しました。また、「法科大学院（仮称）構想に関する検討会議」が二〇〇〇年八月に示したロースクール（法科大学院）の検討案では、多様な能力をあわせもつ法曹の養成をめざして、既存の法学部のある大学が拠点となるだけでなく、法学部のない大学においての設置や、複数の大学が連合して一つの法科大学院を作ることも検討されています。

また、弁護士会や地方自治体などにおいても、一定条件さえ満たせばロースクールを設置できることとし、広く、理数・医学系学生にも門戸を開いた法曹養成の場の提供の機運が盛り込まれています。

現行制度では、司法試験に合格しないかぎり法曹への道は開かれない一元的システムですが、この検討案では、「従来の大学を拠点とする法科大学院と新しいタイプの法科大学院とが競争し、それぞれが理想とする法曹を養成する多元的システムが展開されることが望ましい」とされ、法曹として活躍する人材の多様性を前提としたシステムが考案されており、従来よりも法曹への道は広がるのではないかといわれています。

法曹養成の実践的教育は各ロースクールで三年間にわたって行い、その修了を司法試験受験の条件とする案も前述の検討会議から出され、こうした抜本的改革が導入されることで、早急な法曹増員実現が期待されています。

●隣接法律専門職の権限拡大

法曹人口をいかに増やすかという問題は、単純に弁護士を増やせばいいという問題ではありません。すでに存在する司法書士・弁理士・税理士・社会保険労務士・行政書士等の隣接法律専門職も、一定の法律サービスを提供している法律家であるという側面を有しているのであり、たとえばそれら隣接業種に一定の範囲で訴訟代理権を付与することで、司法の容量を拡大するという効果は得られます。

問題は、そうした隣接業種を含めて、法曹としての実質を備えた法律家の人口がどれだけ必要なのかです。そのためには、法曹と隣接業種との権限関係を見直し、そのうえでどれだけ弁護士・検察官・裁判官の人口増員が必要かを確定しなければならないのです。

Q8

法曹の育て方

裁判官・検察官・弁護士は どのように 養成されるのですか？

●法曹資格を得るまでの養成制度

司法改革の議論のなかで、法曹人口の拡大に伴う法曹養成制度の検討は、重要な論点となっています。現行制度は、原則として司法試験（Q９参照）に合格し、司法研修所（Q10参照）での一年半の研修を終えた者に対し、裁判官、検察官、弁護士のいずれかの法曹になる資格が与えられる制度です。

ただ、大学の法学部の学生も含め、司法試験受験予備校を利用して司法試験に合格する者が多数を占めています。その意味で、司法試験予備校が、司法試験合格までの法曹養成機関として事実上重要な役割を担っているといえます。

法曹人口拡大と質的向上の要請に応えるためには法曹養成制度の改革が必要であることから、現在、ロースクール構想（Q11参照）が検討されています。

●法曹となった後の養成制度

裁判官は、研修所終了後、裁判所の各部に配属されると、単独事件を受任できない「判事補」として先輩判事の指導を受けます。本来判事補の期間は一〇年間ですが、事件数の増加により「特例判事補」制度が導入され、五年間、判事補として経験を積めば、単独事件の受任もできるようになっています。

裁判官の養成制度は、司法研修所と判事補制度を通じ純粋培養された「素直な秀才」が、一般社会から隔絶されたまま、裁判官特有の伝統的で専門的な考え方を身につけていく過程であり、裁判官には常識がない、市民よりも行政よりの判断をする、との批判が絶えません。

また、「判検交流」といわれる裁判官と検事との人事の交流が活発に行われ、エリート裁判官は裁判所で裁判を行うだけでなく、法務官僚として国の訟務（国の代理人として訴訟を遂行すること）や法務を担い、裁判所に戻ってからは司法行政上の中枢ポストを占めるという構造ができあがっています。

さらに、裁判官会同・協議会という会議があり、最高裁事務総局が決定したテーマについて、各裁判所で判決に大きな開きが出ないように、裁判官が協議を行います。水害訴訟においては、大東水害訴訟最高裁判決の一カ月後に水害訴訟裁判官協議会が行われ、住民勝訴が多かった判決の流れが一変したといわれています。

検察官については、組織的な研修が行われていますが、検事は取調べだけでなく、法務省において行政に携わる者などさまざまな分野での研鑽が積まれます。

弁護士は、基本的には、勤務する弁護士事務所の先輩や、仕事そのものから経験を積む部分が多く、新人弁護士に対する研修、専門分野の研修などが行われています。一般に参加は任意ですが、「倫理研修」は義務的研修として弁護士の不祥事防止を図っています（Q14参照）。法曹人口増に伴う弁護士間の質の格差が危惧されています。

コラム

司法試験予備校と司法改革

現在、司法試験に挑戦する人の多くは、司法試験予備校の提供するさまざまなサービス（講座・ノウハウ本・受験情報誌・受験用テキスト・通信教育教材など）を利用して、できるだけ合理的に必要な学力を身につけ、短期合格をめざす傾向があります。

予備校では、その多くが弁護士としても活躍している講師によって、司法試験対策に的を絞った択一・論文試験プロパーの講義が行われており、択一試験の過去問や出題予想問題を制限時間内に解いて解説を聞いたり、論文答案を作成して合格者の添削を受ける答案練習会（＝答練）などもきめ細かく提供され、そのシステムを駆使すれば合格までに必要な知識やノウハウはすべて手に入る仕組みになっています。

このように、受験生のニーズに合わせて発達してきた予備校は、ジェネラリスト養成機関としての大学法学部とはまったく別の役目を結果として果たし、あたかも法曹養成機関のような役割を担ってきています。

司法試験合格者を多く輩出する大学のなかには、通常の法学カリキュラムとは別に法曹養成講座を設けているところもありますが、安定的に実力ある講師や論文答案添削者を確保するのが難しいなどの理由で、そのほとんどは活況を呈するとまではいっていないようです。

大学に通いつつ、資格取得のためにこうした予備校にも通学する現象は「ダブルスクール」ともいわれ、不況下で就職難が続く大学生が少しでも有利に就職するための手段の一つとして、最近では珍しくなくなっていますが、司法試験受験生の場合は在学中での合格を強く望むあまり、大学の講義には出ないで予備校にだけ通う、いわゆる「シングルスクール」になる場合も多く、この現象を大学の空洞化であるとして問題視する専門家もいます。

大多数の司法試験受験生と深く関わってきている予備校の存在は、司法制度改革審議会の中では必ずしも正しく評価・分析されていないという声もあり、法曹養成機関の設立と運営を国が明確なビジョンをもって行ってこなかったことのツケが、いま大きな問題になっています。実質的には官僚養成機関でしかなかった大学法学部のあり方は、ロースクール構想が立ち上がるなかであらためて問い直されています。

【現在の法曹養成システム】

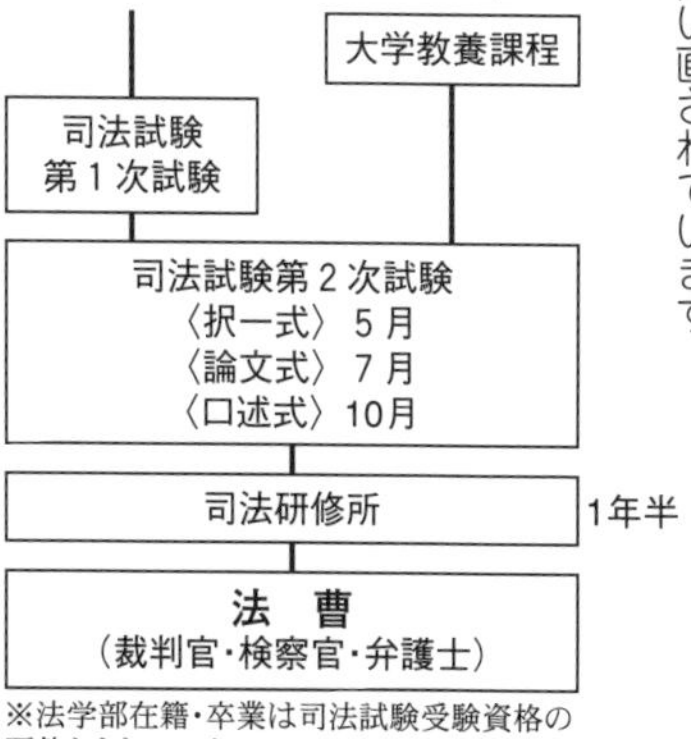

※法学部在籍・卒業は司法試験受験資格の要件とされていない。

Q9

法曹の育て方

司法試験はいまのままでよいのでしょうか？

●司法試験とは

司法試験は、学者と法曹からなる司法試験委員が、基本法に関する理解、基本的な法的思考力、法的文章作成能力を試す試験で、最も難しい国家試験といわれています。

司法試験は、法務省管轄の下、年一回全国的に行われます。具体的には、教養試験合格（大学教養課程修了者等は免除）を前提に、憲法・民法・刑法の三科目の択一式試験、憲法・民法・刑法・商法・民事訴訟法・刑事訴訟法の六科目の論文試験、憲法・民法・民事訴訟法・刑法・刑事訴訟法の五科目に関する口述試験に合格した者に司法研修所（Q10参照）入所資格が与えられます。なお、司法試験の受験資格として大学法学部の在籍・卒業は求められていません。

一九九九年度試験では、約三万人の受験生のうち択一合格が五七一七人、論文合格者が一〇三八人、最終合格者は一〇〇〇人ですが、合格率は二・九四％で、約九七％の受験生が不合格となりました。合格者の数については現在法曹三者間の合意で固定されていますが、将来的には、法曹人口拡大のためさらに増加されることになっています（Q6参照）。

●空前の予備校ブーム

現在では、司法試験受験予備校が発展し、大多数の受験生がダブルスクールとして予備校を利用しています。大学には競合する各予備校のパンフレット、ポスター、チラシがふんだんに溢れており、受験生の間では、大学受験の際の経験からも、一発試験である以上予備校利用が必要であることは当然という雰囲気があります。

このため、学生は大学の法学部から離れていき、極端にいえば大学の講義には出席せず、予備校にだけ通って司法試験に合格する学生も少なからず存在します。つまり、現在の司法試験は、必ずしも大学の法学部での教育を前提としておらず、法学全体の素養をきちんと試されているのか疑問の声があがっています。司法試験に出題されることがら以外の素養を欠く「暗記型・マニュアル志向」の合格者が大量生産されている、という批判です。

受験生はたしかに大学離れをしており、司法試験制度の理想とはかけ離れた現実となっています。一方で、大学の講義は司法試験をめざす者を前提としたものではないこと、大学の教授陣が法曹教育の担い手としての自覚が不十分であったことについて、大学側にも反省が迫られています。そこで、法科大学院（仮称）を作り、研究者と弁護士などの実務家が教育者として法曹養成の担い手となり、そこでの教育を法曹資格の要件とする、いわゆるロースクール構想が考案されているのです（Q11参照）。

●司法試験の問題点

司法試験は、予備校を利用しなければ少なくとも早期に合格できない点に大きな問題がありますが、そのほかにもいくつかの問題点が指摘されています。

一つは、論文試験の科目が、憲法・民法・刑法・商法・民事訴訟法・刑事訴訟法の六科目に整備されたことで、従来の選択科目であった行政法・労働法・破産法・国際私法・国際公法を体系的に学ぶ機会がなくなったことです。しかしこれらの科目は、たいへん重要な基礎法であり、とくに行政法や労働法などを学び、市民の権利を適切に擁護できる人材が潜在的に減少し、行政事件・労働事件が衰退する、との悲観的予測がなされています。ロースクール構想の具体的検討のなかで、重要な法律を必修課目とするカリキュラムにより、この問題を解決することが強く期待されています。

もう一つの問題点は、若年合格者を増やす目的で作られた合格枠制度（司法試験改革案のうちいわゆる「丙案」と呼ばれるもの）です。この制度は、受験回数三回以内の者の合格人数枠を固定し優遇することによって、早期合格者を増加させようというものです。若年合格者は早期に修習を開始できること、社会的に非効率である司法浪人を減少させることなど、そのねらいには一定の合理性があります。しかし、優遇すること自体不平等でありますし、合格者の質がここ五年の間に目に見えて低下した原因ともいわれています。

具体的には、二〇〇〇年度では、一〇〇〇人中八一二番でも不合格となる反面、優先合格枠内なら一四六三番でも合格する結果となっています。受験回数が少ない（若い受験生が多く含まれる）ことに一定の価値があるとしても、資質の面からみると、当然の基礎的知識もおぼつかないような、従来の基準ではとうてい合格させるべきでない者を合格させているわけです。さらに、昨今の受験生の合理主義から、合格枠内にいるかぎり、その低い合格ラインのところをねらってそれ以上の勉強をしないという指摘もなされています。

現在、合格枠制度の存否について法曹三者間で検討されていますが、日弁連がただちに廃止すべきであると申し入れているのに対し、法務省・最高裁はなお慎重な姿勢を崩していません。ロースクール構想の議論のなかには、質の低い合格者が目立っていることについて予備校が原因であるとする向きがありますが、実際は、合格枠制度も無視できない大きな原因といえるのです。

Q10 司法試験に受かった後はどうなるのですか？

司法研修所は、司法試験の合格者に対し、民事裁判、刑事裁判の実務を中心に裁判官、弁護士、検察官が直接指導し、実務理論と実務技術を習得させる場です。実務の先輩である教官から指導を受けられるうえ、他の法曹の仕事ぶりを見ることができるのは得がたい経験であり、実務家の間では研修所での裁判実務教育に対する評価は一般的に高いといえます。

ただ、後述のとおり、司法研修所による法曹教育にも問題点がないわけではありません。

●研修の内容

まず前期修習の三カ月間は、埼玉県和光市の司法研修所に全員集められ、緻密なカリキュラムに基づき基礎的な実務教育が統一的に施されます。クラスごとに裁判官、弁護士、検察官の計五名の担当教官によって、判決、訴状、起訴状等の書面作成に関する講義と、修習生が書いた起案に対する添削と講評を中心とした修習が行われます。

その後、実務修習の一年間は、全国各地の裁判所、検察庁、弁護士事務所で実際の事件に触れつつ、実務感覚を養う研修が行われます。裁判所では法廷に在席し、弁護士事務所では依頼者の許可を得て法律相談に立ち会い、検察庁では指導検察官の管理の下で被疑者に対する取調べを実際に行うなど、生の事件に接する実践的な修習が行われます。

後期修習の三カ月は、司法研修所に戻って最終的な仕上げを行い、最後に「二回試験」と呼ばれる終了試験が行われます。

●弁護士養成のカリキュラム

司法研修所による法曹教育が最も批判される点は、修習内容が裁判官養成に偏っている点です。司法研修所は最高裁判所が設営しており、現実に裁判官のリクルートの場となっています。

裁判実務は弁護士であれ検事であれ実務を行ううえで基本となりますので、裁判実務教育は重要な研修科目です。しかし、弁護士は、そのほかに依頼者との相談や法律調査、交渉技術など、実務家になる前に一定の研修を積んでおく必要があります。現在の弁護修習のカリキュラムでは、弁護士養成には力点が置かれていません。修習生の大半が弁護士となることを考えると、現在の研修所教育は弁護士の養成という点ではたいへん不十分です。

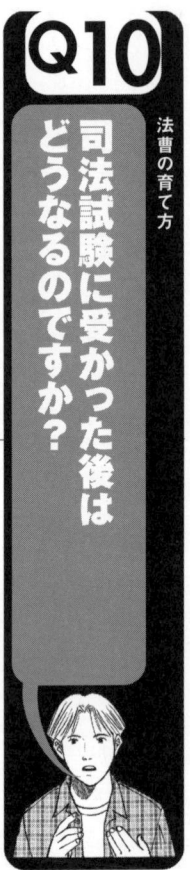

このような観点から、日弁連からは、法曹一元（Q17～19参照）の実現を前提に、弁護士会が主体となる養成機関をもって研修所に替えようという提案がなされています。

●裁判官志望者のコントロール

司法研修所が最も批判されるのは、最高裁による統制が行われている点です。若年合格者に対する裁判官のリクルートは半ば公然と行われており、採用拒否問題（コラム参照）も含め自由な行動が萎縮される環境にあります。

このように、裁判官が修習生のうちから最高裁による統制になじんでしまうようでは、憲法上の裁判官の独立の保障は有名無実となり、およそ立法・行政に対するチェック機能を期待することはできません（Q33参照）。

●研修所の設備・修習期間の問題

現在の研修所は、一〇〇〇人強の人数を養成するキャパシティしかありません。いま司法界に必要な大幅な法曹人口増のためには、一度に数千人もの養成を行わなくてはならないのです。この問題があるため、ロースクール構想（Q11参照）によって、大学が法曹養成の担い手となるという大きな制度改革が不可欠のものとなっているのです。

また、現在の修習期間は一年半ですが、従前の二年の時期に比較して、たいへん慌ただしく、事実上の就職活動である弁護士事務所訪問も年々早まり、落ち着いて修習に臨めないという状況にもなっています。

コラム……

神坂司法修習生事件

裁判官志望者は、司法修習の後期に任官のための願書を提出し、卒業後に採用の通知が来ます。第四六期司法修習生（一九九二年四月～九四年三月）のうち一〇五名が裁判官任官のための願書を出したのですが、なぜか神坂直樹氏だけが採用を拒否されました。

神坂氏の両親は、忠魂碑が憲法の政教分離原則に違反しているか否かを問うた箕面忠魂碑訴訟の原告であり、神坂氏も子どもの頃から手作りのポスターを描いたりしてこれに関わり、また、父が亡くなってからは、補助参加というかたちで訴訟に参加していました。司法修習生になってからは、署名運動や講演会など修習生としての自主活動に積極的に取り組んできたのです。また、修習生は裁判の修習で判決文を起案するのですが、神坂氏はこれに西暦を用いました（一般に判例では元号が使用されています）。さらに、検察の修習で、被疑者・被告人を取り調べる権限は修習生にはないと考え、取調べの修習を拒否し、代わりに検事の取調べを傍聴しました。

その後、神坂氏は、司法研修所の教官から裁判官への志望をあきらめるように執拗な説得を受けます。説得の理由は、神坂氏が箕面忠魂碑訴訟の原告関係者であること、教官からの意見に対して従わなかったこと、などです。こうした経緯からみて、神坂氏の採用拒否の理由は思想・信条に関わるものである疑いが強いのです。

こうした任官拒否は、司法修習生の裁判官志望者を萎縮させ、修習生主催の講演会などの自主的活動への参加さえも避けるような傾向を生んでいます。

Q11 法律家になるための勉強はどこでするのですか？

●ロースクールとは

司法改革の重要論点であるロースクール構想は、アメリカの法曹養成制度をモデルとした議論です。アメリカのロースクールは大学卒業後に進む職業的な大学院であり、州の弁護士資格をもつ法律家が毎年大量に誕生します。ロースクール出身者の職業は、「法曹」だけでなく、政治家、官僚、大学教授、企業経営者など多岐にわたっています。企業内弁護士も多く、法律家が社会全体に浸透しています。

●なぜロースクールが必要か

フランス並みの法曹人口（Q6参照）をめざすための法曹養成機関を考えた場合、現在の司法研修所のキャパシティではとうてい対応できないため、大学に法科大学院（仮称）、いわゆるロースクールを設置して大学院が法曹養成を引き受けることが必要となります。この場合、司法研修所を残すのか、またその位置づけなどについて、論議されています。廃止すべきという意見もありますが、大学における教員・設備確保の観点からは研修所を残しつつ連係すべきという意見が有力です。

また、ロースクール卒業を法曹資格の前提にすることによって、法曹の資質を高める意義があることも強調されています。小学校入学から受験競争を強いられるような教育制度や合格枠制度（Q9参照）の影響もあいまって、近時「暗記型・マニュアル志向」の合格者が目立つようになっています。そこで大学の側からは、学者が実務家と協力して法曹養成を担当することによって、真の法的思考力を習得させ、従来の司法試験科目にはない重要な法律（労働法、行政法、独占禁止法、国際法など）の知識を徹底させることが可能となると説明されます。

●ロースクール構想の問題点

制度上の問題点として、経済的・社会的に余裕のある者しかロースクールに進学できないとすれば、従来の司法試験制度よりも「不平等」な制度となるおそれがあります。そのため奨学金制度を設けたり、夜間制や通信制を作るといった制度的手当てが必要です。

また、法曹の資質がかえって低下するのではないか、との危惧も示されています。ロースクールでの単位の認定を厳正に行えない、あるいは従来同様のマスプロ教育しか行えないのであれば、広い知識と深い法的思考力をもった法曹を養成することはできません。十分な教員数の確保に要する費用や大学側の体制の問題も解決すべき問題です。

きちんとした法曹養成が行われなければ、結局は、法的サービスの利用者である市民への被害が生じ、その皺寄せとなるおそれがあります。そのような事態を防止するために、ロースクール構想の具体的な内容については、真剣に検討すべき重要な課題です。

●検討会議における議論

二〇〇〇年四月二七日、司法制度改革審議会の要請により、文部省に「法科大学院（仮称）構想に関する検討会議」が設置され、約三カ月の検討を経て、八月七日に「検討会議における議論の整理」が審議会に報告されました。「整理」の内容は、次のようなものです。

①「法科大学院は、法曹養成に特化した実践的な教育を行う大学制度上の大学院」であり、「今後の法曹養成に期待される機能のうち、特に、理論的教育と実務的教育を架橋するもの」とする。

②修業年限は三年制もしくは二年生とし、三年制の場合は法学既習者の履修免除により二年修了を可能とする意見が有力。

③入学試験は、法学既習者と法学未習者が同一の試験を行う「共通試験型」か、法学既習者と法学未習者を分ける「分離試験型」のいずれかで行う。各大学独自の試験を実施するが、これとあわせて全国統一試験を実施するという考えもある。

④法科大学院修了を新司法試験の受験資格とし、新司法試験には三回程度の回数制限を設ける。

⑤法科大学院との連携に配慮しつつ、法曹に必要な実務能力を涵養するために、司法実務修習を実施する。

検討会議では九月二〇日に最終案として「法科大学院（仮称）構想に関する検討のまとめ――法科大学院（仮称）の制度設計に関する基本的事項」をまとめ、一〇月六日の司法制度改革審議会に報告されました。この最終案の内容はほぼ「整理」と同じですが、法科大学院修了を新司法試験の受験資格にする点について、「社会的に納得できる理由から法科大学院への入学が困難な者に対して、別途、法曹資格取得の例外を認めることも検討に値する」という新たな姿勢を打ち出しました。ただし、「例外措置の検討に当たっては、法科大学院制度の趣旨が損なわれることのないよう慎重な配慮が望まれる」と付け加えています。

Q12

弁護士が変わる!

もっと気軽に弁護士に相談できるようになりませんか?

現在では、実際に法律問題でトラブルが発生しても、すぐに弁護士に相談するという人は稀でしょう。しかし、それではせっかく自分を守ってくれる法律があったとしても、知識がないがために法律を活用できず、「泣き寝入り」になりかねません。

そこで、法律問題について気軽に弁護士に相談できる環境を作るためには、どのような改革がなされる必要があるでしょうか。

●弁護士と市民との距離をなくす

まず、大前提として、なんといっても弁護士の数を増やすことが必要です(Q7参照)。弁護士を利用するという発想が起きないのも、なにより身近に弁護士がいないということが大きいのです。市民が気軽に法律事務所に立ち寄り、法律問題の相談をすることができるという環境をまずは作る必要があるでしょう。

法曹人口の増員は、法曹界に競争原理を持ち込むという意味だけではなく、法曹がホーム・ロイヤー(コラム参照)としての役割を担ううえでの前提条件ともいえるのです。

●弁護士報酬をわかりやすく

また、国民が弁護士に相談するのに躊躇する原因として、「いったいいくらかかるのか」という不安があります。料金価格表のようなものがあれば、自分の懐にあわせて弁護士に相談するかどうかを決められますが(日弁連では報酬についての価格表を出していますが、それは最低限の価格という性質のものであり、実際にそのとおりに報酬が決定されるわけではありません)、いくらかかるのかわからないというのであれば、つい二の足を踏んでしまっても無理はないでしょう。

そこで、事件の種別、難易度、要した時間などを基準とした一応の目安となる価格表の設定が必要です。

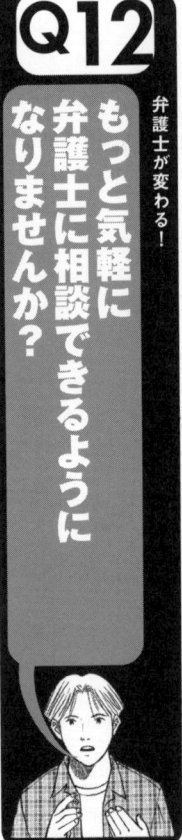

●専門的事件への対応

訴訟には、医療過誤や知的財産権などの高度な知識を要する場合が数多くあります。しかし弁護士は、それぞれ固有の得意分野をもっているとはいえ、あくまでも全領域にわたって幅広く事件を手がけることが現状であるため(スペシャリストというよりジェネラリスト)、高度な専門知識を要する領域においては必ずしもユーザーの需要に迅速に対応できていないようです。それでは、高度に発達した情報化社会において、司法の活躍の場もおのずと限定されてしまいます。

そこで、そのような高度な専門領域に対応すべく、さまざまな処方箋が提案されています。その一つが、弁護士事務所の共同化、法人化です。各弁護士がそれぞれ固有の専門分野をもち、そのような弁護士が集合して、一つの法人を形成するというものです。

●弁護士広告の解禁

これまで弁護士は、日弁連の会則で広告が原則として禁止されていたため、どの弁護士がどのような事件を専門領域とし、その報酬がいかほどのものかということが不透明な状況でした。

ところが、最近になって、この司法改革の流れもあり、会則が改正され、原則として、広告自由になりました。これにより、その弁護士の他の資格、専門領域などを広告として公開することは可能になりましたが、ただ例外的に、たとえば受理した事件名や依頼人の名を明記したりするような守秘義務や他の公益に反する場合は、禁止されます。

コラム

ホーム・ロイヤー

ホーム・ドクターというものがあります。各家庭のかかりつけのお医者さんのことですね。ホーム・ドクターは、継続的にその対象者の健康状態をチェックしていますから、その人その人に応じた適切な処方箋を提供することができます。また単に病気の治療をするだけでなく、病気までには至らないが健康状態がよくないというような場合も、適切なアドバイスまた予防策を講じることもあるでしょう。ホーム・ドクターは、「医師」がいかに市民社会に根づいているかを表す象徴的なものです。

今般の司法制度改革では、法曹とりわけ弁護士は、「社会生活上の医師」としての役割を担うことがめざされています。つまり、市民が弁護士を利用することによって、法律的な問題に対して適切なアドバイスを受け、紛争が発生しないように未然に予防策を講じるなどして、社会生活が円滑に営めるようにするということです。この究極のかたちがホーム・ロイヤーなのです。その家庭にかかりつけの弁護士がいるのです。会社の顧問弁護士のいわば家庭版ですね。

日常生活では、意外な法律問題に突然出くわすことがあります。たとえば、ある日大雪が降ったとします。そして隣の家の屋根から大量の雪が、自分の家のガレージに停めた自家用車の上に滑り落ち、自家用車が毀損したとしましょう。この場合、その車の修理費用を隣の家に請求できるでしょうか？　その場合、たとえば隣の家の屋根の傾斜角度の問題や、自家用車の毀損が本当にその雪が原因で生じたものなのか、等々法律的な解決をするうえで必要な事項がいろいろと考えられますが、それは法律家でなければわかりません。

ただ、「近所づきあい」の必要な「お隣さん」であれば、訴訟を起こすなんてことまではできないでしょう。そんなときこそ、気軽に相談できるホーム・ロイヤーの存在が重要になってきます。ホーム・ロイヤーが、調査すべき事項を指摘したり、また場合によってはそのお隣さんに対して、適切な解決プランの交渉をしたりするわけです。

今般の司法制度改革は、こうした社会を実現する可能性に満ちたものなのです。

Q13

弁護士が変わる！

弁護士がいない地域の住民はどうしたらよいのでしょうか？

●弁護士過疎と司法過疎

いま現在、全国に地家裁支部は二〇三カ所ありますが、そのうち弁護士がいないか、いても一名という地域（いわゆるゼロワン地域）は七一カ所あります。

そのような地に生活する住民は、法的紛争が発生しても、弁護士への法律相談や事件処理の委任をする手立てがなく、裁判所による紛争解決を望むべくもありません。このような地域を「弁護士過疎」といいます。

さらに、弁護士がいないだけでなく、地家裁支部の統廃合により裁判所がないか、あっても裁判官が常駐しなかったり、開廷数が少なかったりして、訴訟を起こしたくても起こせないという状況があり、このように司法サービスの提供から隔絶された地域のことを「司法過疎」といいます。

●法律相談体制の確立

このような状況を憂慮し、日弁連は一九九六年五月定期総会において、「弁護士過疎地域における法律相談体制の確立に関する宣言」（いわゆる名古屋宣言）を採択し、とくにゼロワン地域を中心に、法律相談センターや公設事務所の設置、弁護士の定着に向けて取り組んでおり、前述の七一カ所のゼロワン地域のうち、三六カ所に法律相談センターが設置されました。

さらに、日弁連では、刑事弁護に関しては、一九九〇年から当番弁護士制度（79頁コラム参照）をスタートさせ、過疎地域での当番弁護士活動にも積極的に取り組んでいますが、その財政的負担は日弁連会員の「当番弁護士特別基金」によるものであり、公費の援助がないのが現状です。

また、過疎地域では全国のほとんどの地方自治体で法律相談を実施しており、当該地域の弁護士会ではこれらの法律相談に向けて弁護士を派遣していますが、相談日数や、一人当たりの相談時間が限定され、弁護士への事件委任が困難であるとの問題もあります。

●公設事務所の設立

法律相談センターの設置は、法律相談窓口として住民の司法へのアクセスを容易にするものとして評価できますが、さらに事件委任ということまで含めるといまだ不十分です。

そこで、日弁連では過疎地域に法律事務所と同一の機能をもつ公設事務所を設置し、国選弁護事件や当番弁護士活動、法律扶助事件などの公益的活動の拠点としての役割をもたせるという構想を展開しています。このような構想の展開のためには財源が必要ですが、日弁連では、一九九九年「日弁連ひまわり基金」を設置し、向こう五年間、日弁連全会員が一カ月あたり一〇〇〇円の特別会費を拠出することが臨時総会で決議され、徐々に公設事務所が設立されています。

たとえば長崎県厳原町に「ひまわり基金・九弁連対馬弁護士センター」が開設され、長崎県と福岡県の弁護士会から九名の弁護士が交代で週三日常駐し、国選弁護事件、当番弁護士活動、法律扶助事件から通常の民・刑事事件を受任し、処理しています。

このほかさまざまな形態による公設事務所のあり方が検討され、設置されています。

今後は、このような公設事務所と地方自治体との連携を考える必要があります。たとえば、京都弁護士会が蜂山町と宮津市に設置した丹後法律相談センターは、運営維持費を京都府と一市一〇町との共同負担で賄っています。

このように、地方自治体と協力し、地域住民のニーズを十分に調査したうえで公設事務所の設置を広げていくのが、一つの実効的な弁護士過疎対策といえるでしょう。今般の司法改革では、このような日弁連の活動を積極的に評価し、国による財政的援助を行っていくことが必要でしょう。

【ゼロワン・マップ】

※各地方裁判所の本庁、支部の管轄区域内に法律事務所を設けている弁護士の人数(1999年4月30日現在)。
※色分けは、本庁、支部の管轄区域に基づいている(日本弁護士連合会調べ)。

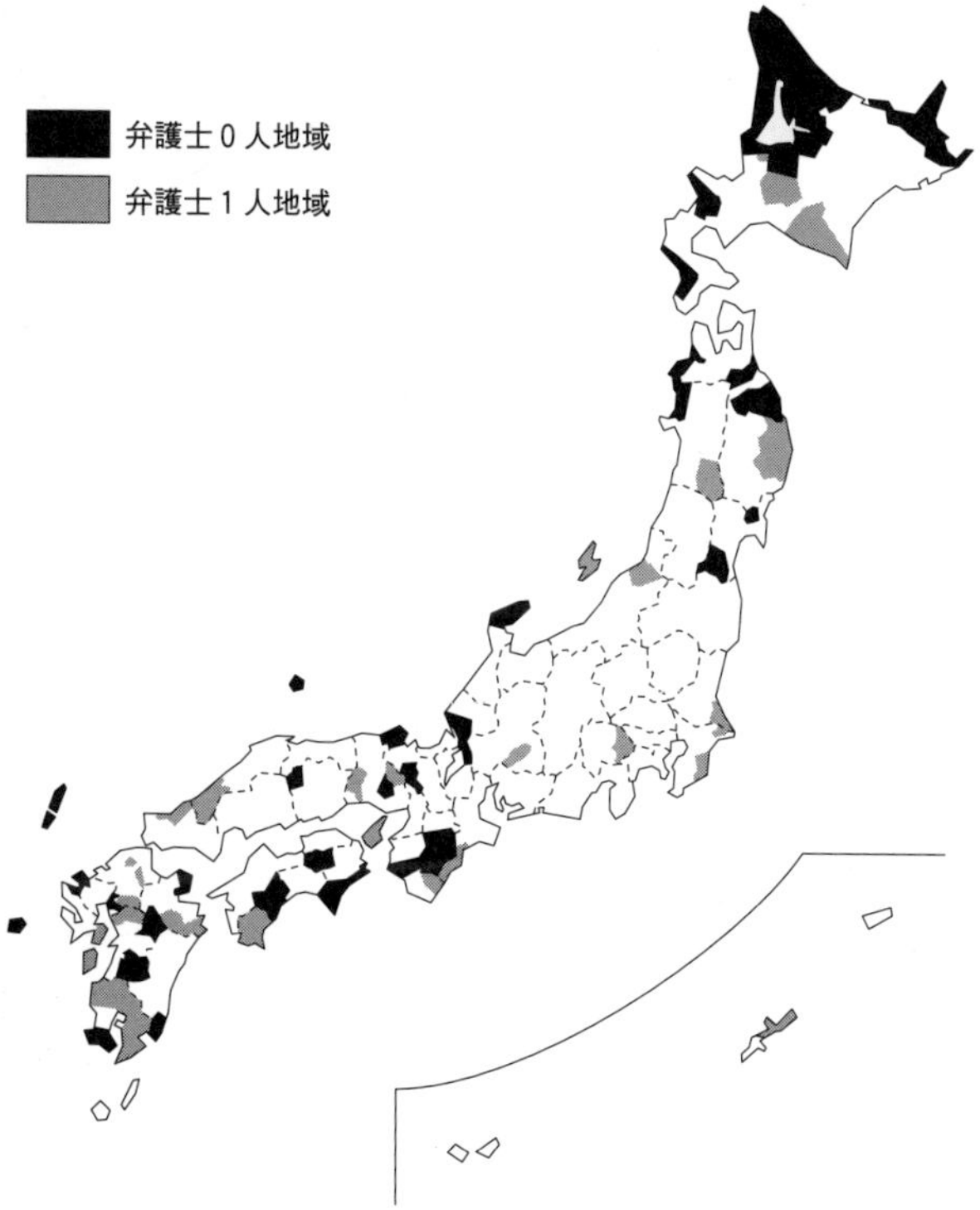

Q14 弁護士の不祥事はなくなりますか？

●弁護士の不祥事の現状

弁護士不祥事の件数自体は年々増加しており、多重債務者を食い物にする、いわゆる「整理屋」と手を組んだ「提携弁護士」の問題などもマスコミで報道されています。日弁連によれば、一九九九年の日弁連および弁護士会による懲戒件数は五三件で、前年比一〇件増、五年前の一九九四年のほぼ倍増となっています。数字として表に出ない暗数も考えると、実数はさらに多いと思われます。

弁護士会による懲戒事例のなかでは、依頼者に対する職務怠慢、報告説明義務違反や、依頼者からの預り金横領の事例が多く、実際処分事例は日弁連の機関誌「自由と正義」に掲載されています。

●弁護士不祥事の原因

このような不祥事は、リーガル・サービスの利用者である市民や企業に被害を与えるものであり、あってはならないことです。ではなぜ不祥事が起ってしまうのでしょうか。

弁護士は、基本的に自営業であり、モラルの維持も法規遵守も最終的には本人次第です。金銭管理や業務管理について客観的なチェックがされにくい環境のなかで、事務所経営の資金繰りに窮したり、受任能力を超えている場合、不祥事が起こりやすいようです。

●市民の立場に立った対応策が必要

目下、弁護士会では、会員である弁護士全員に対し、会則である弁護士倫理規程についての理解を徹底するため、実務経験の年数に応じて、定期的な倫理研修を義務づけ、不祥事の防止に力を入れています。依頼者からの苦情を処理する紛議調停制度、戒告、業務停止、退会命令、除名などの懲戒を行う懲戒制度とともに一定の機能を果たしています。

しかし、司法人口の増加とともに不祥事の件数も増加することが予想され、今後とも、市民を弁護士不祥事の被害から守る、という明確な視点に立った制度設計が必要です。そのためには、市民が適切に監視できるよう、十分な情報公開が重要となるでしょう。

その意味で、弁護士広告の解禁は一つの進歩ではありますが、懲戒事例のインターネットによる公告や、弁護士に関するクレームの処理窓口の案内など、さらに市民にわかりやすい情報公開の方策が望まれます。

Q15

弁護士が変わる！

これからの弁護士は市民にとってもっと頼れる存在になるのでしょうか？

●弁護士の三つの顔

司法制度を直接に担うのは法曹（裁判官・検察官・弁護士）です。裁判官、検察官のあり方もさることながら、市民と司法との接点となるのが弁護士であり、また法曹の大部分が弁護士である以上、弁護士のあり方はきわめて重要なものと考えられています。

弁護士改革にあたっては、次のような弁護士の「三つの顔」が指摘されています（以下、審議会での中坊委員のレポートによる）。一つめが、依頼者の権利・利益を擁護する顔（弁護士の当事者性）、二つめが、公衆の利益に関わる活動をする顔（弁護士の公益性）、三つめが、市民として生活のために事業を営む者の顔（弁護士の事業者性）です。

このうち二つめの「公益性」、これをどれだけ重視していくかが、一つのカギになっています。ここで公益性というところの「公」とは、公権力ではなく、むしろ公権力と対峙し、市民の人権を擁護する立場を指しています。

●弁護士の三つの社会的責務

弁護士の公益性といいますが、具体的に弁護士にはどのような活動が求められてくるのでしょうか。今般の司法改革の課題から、三つの社会的責務が導き出されています。

まず第一に、「公衆への奉仕」です。これは、たとえば弁護士過疎地域における公設事務所や、当番弁護士制度へ積極的に協力し、地域的、経済的に偏ることなく市民が平等にリーガル・サービスを受けることができるように行動しなければならないということです。

第二は、「公務への就任」です。これは、法曹一元制（Q18参照）が導入された場合に、裁判官候補者への推薦を受けた場合にはこれを正当な理由なく拒めないということです。現在、法曹一元制を消極的に考える立場から、「実際には弁護士で裁判官になろうとする者はいないのではないか」との意見も出されており、それに対する一つの処方箋になるでしょう。

第三は、「後継者の養成」です。現在、新たな法曹養成制度として、ロースクール（法科大学院）構想（Q11参照）が挙がっていますが、そこでは現在法学部で行われている法学教育とは異なり、あくまで実務法曹を養成するための教育機関が構想されているので、教員は大学教員だけでなく、弁護士をはじめとした法曹が担い手として要望されています。

Q16 弁護士の代わりに司法書士や行政書士にお願いすることはできますか?

●法律専門職と弁護士法七二条

日常生活で発生する法律問題について、それを扱うのはなにも弁護士だけではありません。不動産取引の際には登記事務を司法書士が扱いますし、行政官庁への書類の提出は行政書士が行いますが、その過程で法律問題が発生し、訴訟に発展していくことも多々あるのです。そのような意味で、法律専門職といえるのは、さらに税理士、弁理士、社会保険労務士、公認会計士があります。

しかし、弁護士法七二条は、弁護士でない者の法律事務の取扱いを禁止し、それに違反した者には罰金が科されており、いわば弁護士の法律事務の独占という状態が生じています。

なぜ、このような規制があるのかというと、三百代言の跳梁、すなわち無資格者が何の規律に服することなく、ただ自らの利益をもくろんで、みだりに他人の法律事件に介入することを防ぐためです。

ただ、弁護士による法律事務の独占によって公正な司法を実現するのはいいですが、そのように法律事務を扱える者を限定してしまったことによって、現在のような「二割司法」という状況が生じてしまったのも事実です。

いま、司法改革によって達成しようとしているのは、日常生活で発生する種々の法律問題について、司法を利用することによって対処し解決する社会であり、それには、法を専門として扱う人間の圧倒的少なさが問題とされているのです。法曹人口の増員はまさしくその直接的な処方箋ですが、法曹にかぎらず、それに隣接する業種まで含めたうえで、いかなる権限分配をなすかを見直したうえで、増員すべき法曹人口を策定する必要がありましょう。

今般の司法制度改革は、きわめて大きな視点からなされる大改革です。司法を担うのはたしかに法曹が中心ですが、膨大な法律事務全体をどのように処理していくかというシステムを構想するとき、この隣接法律職の存在を無視することはできません。弁護士法七二条の趣旨を活かしつつ、両者が協力していける環境を整える必要があるのです。

●共同事務所構想

そのような構想の一環として、弁護士と隣接業種との間での共同事務所の開設が、クローズアップされています。

しかし、実際にそのような共同事務所というのは、一部を除いてあまり例がなく、それぞれ小規模な形態で独立して業務を行っているというのが現状で、各業種間の連携というのはあまりなされていません。

このように、弁護士と隣接業種との連携が疎遠な理由は、弁護士が司法の分野を担っているのに対し、他の業種はいずれも行政がその事務を遂行するために民間職能として発足させたものであり、行政の分野を担うという本質的な差があることが大きいようです。

しかし、ますます国際化、複雑化、高度化した法的問題を抱えることが予想される二一世紀社会のニーズに対応するためには、各業種の密接な連携・交流が必要であることは動かしがたい事実なのです。

共同事務所構想は、従来型の業務を念頭に置いていたのでは、実現は厳しいですが、法的サービスの提供という広いくくりで法律事務を捉え直した場合、さまざまな形態で総合的なサービスを行う事務所が出現する可能性があります。

そのためにも、弁護士法七二条の問題はクリアしておかなければならないことがらでしょう。

●弁護士事務所の法人化

弁護士事務所の共同化が実現するとなれば、さらにそのような共同化の後押しをするものとして、事務所の法人化ということもクローズアップされています。

これは、たとえば弁護士事務所を共同化した場合、その事務所と依頼人との法律関係が複雑なものになってしまいますが、法人化しておけば、比較的単純に処理できるからです。また、法人一般に与えられている税務的な優遇や、経理の峻別、従業員の福利厚生等の利益を享受できるというメリットもあります。

そしてなにより法人化は、組織の大規模化、支店などによる全国展開を容易にするものといえましょう。

この弁護士と関連法律職の提携、共同化、法人化という問題は、医療分野における総合病院のようなイメージではないでしょうか。ある特定分野のみの個人病院の存在意義とは別に、すべての分野を扱う総合病院の存在意義は大きいものがあります。

弁護士事務所の共同化・法人化は、新たな司法社会の一つの象徴となるかもしれません。

弁護士から裁判官へ

Q17 裁判官は本当に公正中立なのでしょうか?

●判事補制度

裁判官は、司法試験に合格し、司法研修所で一年半の修習を受けた者のなかから、最高裁によってまず判事補として採用されます。判事補とは一種の見習い期間（原則として一〇年）のようなもので、単独で裁判を行うことは許されず、合議体での裁判にのみ関与していきます。そしてその関与のなかで、先輩である合議体の部長である裁判官の指導を受けるということになります。日本の裁判官養成は、この判事補制度によって担われているということになります。

●判事補制度の弊害

この判事補制度は、司法研修所を出てすぐに判事補になるわけですから、当事者としての経験が乏しいため、人間的な成熟や深い経験から得られる洞察力に欠け、形式的に事実に法律を適用するという裁判になりかねないという問題が日弁連から指摘されています。

裁判は、たしかに法律による解決ですが、法律を適用する前提として、事案の真相をつかむ必要があります。複雑な事案から紛争の本質を見抜くには、社会経験に裏打ちされた洞察力がそもそも必要なのではないでしょうか。そうでなければ、裁判所を利用する当事者としても、「なにか腑に落ちない」ものが残り、当事者が互いに納得するという真の解決からはほど遠いものになってしまうのです。それでは、ますます国民が司法を利用しなくなってしまいます。

●「裁判官の独立」の危機

また日本の裁判官は、最高裁判所の人事による転勤制度や昇進制度の下に置かれています。

憲法七六条三項は裁判官の独立を保障していますが、これは司法が政府等の政治部門からの圧力を受けないという意味での独立と、各裁判官が職権行使のうえで誰の指図も受けないという意味での独立との二つの意味があります。そして、裁判所のキャリア・システムは、この二つめの意味での裁判官の独立という点から問題をはらんでいると、日弁連は痛烈に批判をしています。

実際、過去にある事件の地裁担当裁判官に対し、その所属する地裁の所長が「憲法判断を避けるように」との指示を出したとして問題になったこともあります（平賀書簡事件）が、こうしたはっきりしたかたちで裁判官の独立が脅かされることはレアケースであるとしても、キャリア・システムのなかでは、裁判官も人間ですから、人事面での処遇のことを考えれば、知らず知らずのうちに、評価をする側の人間のほうを向いてしまい（そういう裁判官は「ヒラメ裁判官」と揶揄されています）、真の意味での中立・公正な裁判が妨げられるおそれがあるのです。

日弁連は、官僚裁判官が考えるところの「公正さ」「中立」というものが、最高裁によって統制された一定の枠組みに収まってしまうことを問題にしています。

●行政訴訟に対する姿勢

そして、現在の裁判官制度のさらに大きな問題は、行政訴訟が提起されたときに顕著に表れます。

つまり行政訴訟は、そのほとんどが国側勝訴の判断で終わっています。門前払いで終わることも少なくありません。

これは、最高裁が、政治部門（立法府・行政府）に対して裁判所は謙抑的な態度をとるべきであるという司法消極主義を採用しており、このポリシーが末端の裁判官にまできれいに浸透しているからにほかなりません。つまり、行政訴訟では、いかに国側を勝たせるか、これはキャリア・システムをとればこそなしうることということもできるのです。

また、裁判官と検察官の間には相互に人事交流が行われており（判検交流）、国側の代理人となる訟務検事に現職の裁判官があてられるというような場合も数多くあり、果たしてそれで公平さが担保できるのかという問題点も指摘されています。

コラム 寺西判事補事件

仙台地方裁判所の寺西和史判事補は、ある日、地裁所長から呼出しを受けました。寺西判事補は、組織犯罪対策法案に反対する集会にパネリストとして参加して発言する予定だったのですが、所長は、それは裁判所法で禁止されている「積極的に政治運動をすること」にあたり、懲戒処分の対象になりうるからやめるように言います。寺西判事補は、それに納得しなかったのですが、パネリストとしての参加はとりやめ、集会当日に客席から「私は、法案について発言することが裁判所法に触れるとは考えないが、所長の警告もあったので、パネリストとしての発言を辞退させてもらいたい」と事情を説明しました。

仙台地裁は、ただちに寺西判事補の懲戒を申し立て、それを受けた仙台高裁は戒告処分の決定を下しました。寺西判事補は即時抗告しましたが、最高裁はこれを棄却しました。最高裁は一五人の裁判官によって構成されているのですが、即時抗告棄却に賛成した裁判官は一〇人です。この一〇人は、裁判官、検察官、外交官、行政官の出身です。これに対して、残り五人の弁護士・学者出身の裁判官は、「発言内容は法案を廃案に追い込むよう、明確かつ積極的に訴えかけたとするにはほど遠い」などと述べて、棄却に反対しました。「官」出身裁判官と「民」出身裁判官で判断がくっきりと分かれたわけです。

最高裁は、裁判官が法律家としての意見を述べる自由を著しく制限する決定をしました。こうした最高裁の下で、市民の立場に立ち、市民の人権保障を真剣に擁護しようとする裁判官が育つのでしょうか。

Q18 弁護士から裁判官へ

弁護士や検察官が裁判官になることもできますか？

●法曹一元

現在、裁判官、検察官は、その職を退けば弁護士になることができますが、弁護士から裁判官、検察官への道は非常に限られています。

そこで、もっと一般的に弁護士からでも裁判官になれるようにしようというのが「法曹一元」の考え方です。つまり、裁判官はずっと裁判官、検察官はずっと検察官、弁護士はずっと弁護士と、縦割りに考えていくのではなく、法曹三者で相互に乗り入れ自由にしていこうという発想、これが法曹の「一元」ということです。

正確には、「裁判官は弁護士となる資格を有する者で裁判官としての職務以外の法律に関する職務に従事したもののうちから任命することを原則とする制度」と一般に定義されます。裁判官または裁判官および検察官の給源をもっぱら弁護士の経験がある者に求めること、あるいは裁判官の給源をもっぱら弁護士、検察官等の経験がある者に求めることが中心的な内容ですが、現在では、給源の問題にとどまらず、裁判官の選任過程、人事制度を要素として考慮するものが提案されています。つまり、裁判官の指名候補の推薦になんらかの方法で民意を反映させるなどして、選任過程において裁判所の裁量的判断を排除し、昇任制の廃止など裁判官の人事制度を非官僚的なものにする等の工夫をこらし、司法の民主化を図ろうというわけです。

●市民感覚を備えた裁判官の誕生

では、法曹一元を導入すれば、どのようなメリットがあるのでしょうか。

よくいわれるのは、それまで弁護士として当事者側の立場に立って活動してきたという経験から、市民の感覚、常識を備えた裁判官が誕生し、「市民のための司法」が実現するという点です。

現在のキャリア・システムでは、裁判官は原則として、司法研修所を終え、そのまま判事補として裁判所に採用された者のなかから任命されます。これでは、一度も社会に出ることなく、また当事者としての経験も経ないで裁判官に就任するため、ときに市民の常識からかけ離れた結論が導かれるおそれがあるといわれます。わが国の裁判における事実認定は、裁判官の自由な証拠評価（自由心証）によるわけですから、その裁判官が有する経験則は、ときに結果を左右しかねないほど重要なものです。

ただ、「それならば、弁護士であれば

本当に市民感覚があるのか」という批判もあります。もちろん、そうでない弁護士もなかにはいることはいるでしょうが、しかし、それは選任過程で排除可能なので、批判としては適切ではないでしょう。あくまで、制度としてどちらがより市民の常識に沿った裁判官を輩出しうるかという問題なのです。

●司法への市民参加の実現

また、法曹一元は、司法の民主化、司法の国民参加を実現することができます。裁判官の指名候補の推薦に対して、国民が参加することが可能だからです。

これには原理的な問題として、なぜ司法部が国民の代表者によって決定された政治部の判断を覆すことができるのか、という根本的な問題がありました。そのため、司法は政治部門の判断に対して、きわめて消極的な態度で臨んできました。公正・中立さを保つために、政治的な判断をできるだけ避けてきたのです。行政訴訟で、ほぼ国側の主張が容れられるのも、そうした理由があったのでしょう。

しかし、司法が民主化されれば、もはや政治問題に対して、過剰までに消極的な態度で臨む理由はなくなります。いかに政治的であっても、その問題が憲法の理念に抵触するからには、あくまでも憲法に忠実な判断ができるようになるのです。それでこそ、はじめて憲法が根づいた社会が実現できるのです。

法曹一元制度は、そのような原理的に重要な問題も含んでおり、簡単にその導入が見送られてはならない問題といえましょう。

この法曹一元制度をめぐっては、一九六四年、政府の下で司法制度について再検討するために設けられた臨時司法制度調査会でさかんに議論されましたが、「法曹一元制度は、わが国でも可能であれば好ましい制度であるが、現状では弁護士に給源となるだけの主体的条件が整っていない」として、結局導入は見送られたという経緯があります。

しかし、現在の状況は、もはやその当時とまったく同じというわけではわけではありません。しかも、今般の司法制度改革により、大幅な法曹人口の増員が見込まれており、将来的な展望をもあわせ考えれば、導入の可能性は十分にありうるといえるでしょう。

Q19

弁護士から裁判官へ

弁護士から裁判官になる人はどのくらいいますか？

法曹一元が市民のための司法を実現するうえで望ましい制度であるということは、ほぼコンセンサスがあるのではないでしょうか。法曹一元をめぐる議論で最も対立があるのは、実現可能性の点といっていいかもしれません。法曹一元の導入は司法の根幹を大きく変えてしまうという改革ですから、その制度的基盤がしっかりとしていることが大前提です。

●裁判官のなり手の問題

導入にあたって最も問題になるのが、法曹人口です。つまり、優れた法曹が豊富にいて、裁判官のなり手としての給源が確保されているかという問題です。

法曹一元を採用しているアメリカでは、一つの裁判官のポストに相当数が殺到し、そこから人選が行われるという状況です。

ところが、日本の場合、裁判官に応募する者が少なく、ただでさえ不足が指摘される裁判官数がいっそう減ってしまうのではないか、また逆に裁判官にふさわしい弁護士を推薦しても、固辞されたらどうするのか等々の問題が指摘されています。というのも、日本ではすでに一九八八年から弁護士任官制度（裁判官に多様な経験を有する者がいることが望ましいとして、経験年数一五年以上、年齢五五歳未満の弁護士から毎年二〇名程度の判事を採用する、との方針を打ち出し、さらに一九九一年九月には、「五年以上弁護士の職にあり、裁判官として少なくとも五年程度は勤務しうる者であって、年齢五五歳位までのもの」を選考対象とし、日弁連を通じて任官希望者を募集するというもの）を採用していますが、約一一年の運用で、わずか四六名の裁判官しか出てきていないという事実があります。

●弁護士任官と法曹一元の違い

しかし、日弁連も主張するように、弁護士任官制度と法曹一元制度は本質的に異なるため、その数字を絶対視することはできません。現在のキャリア・システムに組み込まれるかたちで弁護士を募集しても、その閉鎖性を知る弁護士がわざわざそのシステムに入ろうとするわけがないからです。

ただ、たしかに裁判官になろうとする弁護士をどれだけ確保できるのかは定かではありません。そこで、裁判官の推薦を受けた弁護士は原則としてそれを拒否できないというような案もあり、その点はひとつの課題であるといえます。

国際化に対応しなくちゃ

Q20 司法は国際化に対応できていますか?

●国際人権条約

わが国では、人権諸条約の批准に遅れをとっており、とくに自由権規約（「市民的及び政治的権利に関する国際規約」）の第一選択議定書（個人通報制度）を批准していません。個人通報制度は、国家による人権侵害について、私人が直接、条約違反を根拠に国際的人権救済機関に申し立てることを認める制度です。

日本政府による人権保障の到達点については、国連において名指しで批判されている問題点がいくつもあります。たとえば、公共の福祉による人権の不当な制限や合理的差別の概念の曖昧性、婚外子、在日外国人、アイヌ民族に対する差別、代用監獄等があり、国内人権機関設置の必要性や、裁判官等に対する人権教育の必要性が指摘されています。

●経済界からの要請

経済界から、国際取引のなかでアメリカ企業の圧倒的な司法パワーに対応するために法曹人口の増大を中心として司法インフラの整備が不可欠であるとの強い要望があり、これが司法改革の強い牽引力となりました。

ぶ厚い英語の契約書の検討や契約交渉、巨額の懲罰的損害賠償制度をもつアメリカでの裁判に対応できる弁護士が日本では限られており、日本企業が不利な立場に置かれています。国際的紛争解決機関での紛争において積極的に日本企業の利益を守り、国際社会のルール形成に関与できる法律家の確保、養成が強く期待されています。また、特許訴訟などの知的財産関係事件に関し、日本の裁判所の処理体制を整え、日本の国際競争力を高める必要もあります。そのため、日本における外国弁護士の市場開放も懸案となっています。

●国際司法支援

紛争が多発する司法制度が未発達な地域に対する司法支援が徐々に実施されてきています。国際支援に関心が高く、専門性と語学力を備えた熱意ある法曹の養成が課題となっています。

●外国人事件に対する対応

外国人の増加に伴い、外国人事件での通訳の不足が大きな問題となっています。とくに刑事裁判で裁判所の通訳には資格制度もなく、不十分な通訳のまま不利益な扱いを受けている可能性があり、実効性のある改革を急ぐ必要があります（75頁コラム参照）。

裁判を市民の手に

Q21 陪審制ってどんな制度ですか？

●市民が参加する裁判

アメリカの法廷映画では、よく、さまざまな人種や年齢層の陪審員たちが登場し、物語の鍵を握ることもしばしばですが、陪審制になじみのない日本人には、陪審員たちの活躍シーンを見ても、その役割の重要性はピンとこないかもしれません。

陪審制というのは、有権者のなかから無作為抽出で選ばれた一般市民が、一回限りか期間限定で陪審員となって、裁判官から独立して一定の判断を下すシステムです。

●起訴陪審と審理陪審

陪審には次の二種類があります。

刑事事件の被告を起訴するかどうかを決めるのは起訴陪審で、一九～二三人程度の大人数で行うので大陪審ともいわれ、起訴されると被告は裁判で裁かれます。

もう一つは、事実の審理を行って、刑事事件ではそれに基づき有罪かどうかを、民事事件では有責かどうかを決める審理陪審で、一二人程度の少人数で行うため小陪審とも呼ばれています。

●陪審制の特徴と陪審員の選び方

この制度の最大の特徴は、一般市民と法律の専門家である職業裁判官とが役割を分担しながら、共同で裁判を作り上げる点にあります。

陪審員は所管地方裁判所管轄地区の住民から選挙人名簿などに基づいて、事件ごとに数十人程度を無作為抽出で選び、指定された期日に法廷に来てもらい、そこで陪審選定手続を経て、定員の一二人と予備陪審員二～三人とが選ばれるかたちが一般的です。

選ばれた陪審員は、まず、審理を裁判官の下で行い、評議では陪審員たちだけで事件を吟味して、多くの場合、全員の意見が一致するまで議論して決めます。この決定に関しては、原則として最終決定となります。

審理陪審では、陪審員と裁判官との間に役割分担があり、証拠に基づく「事実認定」は市民の良識に基づいて陪審員が、専門性が高い「手続の運営」「法令の適用」「刑の量定」はプロの職業裁判官の担当となります。

陪審制での裁判官は、法的な知識や公判実務体験だけでなく、とくに、陪審裁判の主宰者として、陪審の事実認定にあたっての要点をわかりやすく説明する能力が求められ、職業裁判官のみで行う裁判とは異なった重要な役割を割り当てられています。

このようにして、陪審制においては、裁判官と市民とがおのおののもてる力や役割を適正に分担し、共同で裁判というものを作り上げていくことが可能となります。

●陪審制はなぜ必要か

しばしば日本の裁判における判決が市民感覚や社会通念とずれ、多くの人に違和感を抱かせるのは、裁判が職業裁判官のみの閉じた価値基準のなかで進められるせいだと批判されますが、陪審制を採用し、市民が主体性を発揮して積極的に司法参加していくようになれば、市民の視点も判決に生かされ、従来いわれていたズレも是正されていくことでしょう。

また、陪審制において市民が主体的に裁判に参加することによって、市民自身が司法制度の担い手であることを自覚することもできます。

この制度の下では、検察主導の調書裁判を排除していくことができ、公判は証人尋問を中心に行われるので活性化します。

また、陪審制には、社会常識の評決への反映や、陪審任務を通じて各陪審員が司法の役割や裁判制度をよりよく理解するという教育的効果も大きく、かつて日本で行われていたときにも（Q22参照）、陪審制度をめぐる教育活動は、民主主義社会の担い手としての主体的意識を涵養するのに有効な効果があったといわれます。

●陪審制をとる国々

アメリカでは憲法上の要請から起訴陪審と審理陪審の両方が、イギリスでは現在審理陪審のみが行われていて、陪審制は英米法系裁判制度の基礎となっています。

この制度は、イギリスにおいて、証人として一般市民が召喚されたことがきっかけで生まれました。その後、市民の法廷参加への機運が生じ、判断者としても法廷に関わるようになって現在のような陪審制が成立していきました。

英米のほか、判例を中心とした英米法系の国で現在陪審制を採用しているのは、カナダ・オーストラリア・スコットランド・西アフリカのシエラレオーネ・ガンビア・ガーナ・ナイジェリア・ケニア・北アイルランド・南米の多くの国々などで、大陸法系の法典国でも、ロシアとスペインが陪審制を実施しています。

オーストリアやデンマークのように、陪審制・参審制の両方を採用している国もあるなど、それぞれ国や時代によってさまざまなバリエーションが見られます。

裁判を市民の手に

Q22 日本にも昔、陪審制があったそうですが？

●日本初の陪審法

日本では、大正デモクラシー華やかなりし頃、市民の司法参加への機運も高まり、一九二三年に陪審法が成立、準備期間を経て、一九二八年から起訴事実否認の刑事事件における陪審制がスタートしました。

政府は陪審制実施に精力的に取り組み、インフラ整備として、判事・検事の増員、陪審法廷・陪審員宿舎の建設のほか、講演会開催や啓蒙用のパンフレット・映画も多数制作し、広くこの制度の有用性を宣伝しました。

ところが、間もなく日中戦争・第二次大戦が激化し、軍部による民主的システムの破壊が進み、一五年間続いた陪審制も一九四三年には「停止」へと追い込まれました。

陪審裁判は結局四八四件行われ、それぞれ無作為に選ばれた陪審員一二人によって、非常に熱心かつ適正に「民衆の常識裁判」としての成果をあげて専門家を唸らせたといわれ、一般市民が裁判に関わりうることを証明したといえます。

●大正陪審法の限界

ただ、普通選挙制度もなかった時代だけに、そこには限界もありました。

陪審員候補者の条件は、一定額以上の納税を果たした三〇歳以上の男性に限られ、女性や障害者などは不適格とされました。

陪審法上は、被告が起訴事実を否認すれば必ず陪審を経ることになる法定陪審事件と、起訴事実否認の被告からの請求によって選択的に行われる請求陪審事件とがありますが、後者では有罪となると陪審員の必要経費は被告の全額負担とされるため利用しにくく、前者の法定陪審事件でも、裁判官や弁護士等の説得により被告側に陪審裁判を辞退させる圧力がかけられるなど、市民の司法参加を嫌った専門家による封じ込めも少なからずあったようです。

また、当時の評決は陪審員全員の一致がなくても成立したため、議論が熟さないまま単純多数決で決まることもありました。議論内容も、裁判官が提示した「争いある事実に関する質問」を審議するのみに限定され、これは、被告が否認している犯罪行為の有無についての判断を下すだけであって、最終的な有罪・無罪の判決については裁判官に委ねられました。陪審員が出した評決でも、天皇（＝大日本帝国憲法下の主権者）の代理人である裁判官への拘束とはならなかったため、結論が気に入らない裁判官は何度でも別の陪審員を選出して新しい答申を得ることができました。

●眠り続ける陪審法

大正末期成立のこの陪審法は、法律上は「廃止」ではなく、あくまで戦況の悪化によって一時的に「停止」されただけであり、敗戦直後の司法改革ではこの陪審制復活がGHQを含む各方面で議論され、第二次マッカーサー憲法草案までは陪審裁判を受ける権利が謳われており、戦後ただちに「停止」は解かれることになっていたのですが、同法復活は司法官僚の強い反対で見送られ、五〇年以上経たいまも停止状態のまま眠り続けています。

国民が積極的に直接司法参加できる陪審制度の復活は、今回の司法改革の大きなテーマであり、現在、いくつかの差別的部分の改善と国民主権に端を発する陪審の権限強化が、新生陪審法再開に向けて盛んに検討されています。

コラム

七転び八起きだった陪審制度法制化

陪審制は、日本の近代化とともに法体系への導入が検討され、招聘法学者ボアソナード(仏)が一八七九年に陪審制度を含む治罪法草案を起草したのをきっかけに論議が高まりました。このときは高官の反対で成立しませんでしたが、自由民権運動家たちは陪審制が国民の自由を守る機能をもつことに着目し、論文・新聞の社説・憲法私案などでその必要性を広く社会に訴え、「陪審制度」は「普通選挙制」と並ぶ民主化運動の目標となりました。

捜査や裁判での検察による人権侵害が拡大するにつれ、人権擁護制度の必要性は政治家にも自覚され、当時野党だった原敬率いる政友会は、国民の司法参加促進をめざした「陪審制度設立に関する建議案」を出し、衆議院はこれを満場一致で通過させます。一九一八年に原敬が初の平民宰相として本格的な政党内閣を成立させると、陪審制立法化にもただちに着手。しかし、今度も「人民の参与は司法権の独立を侵す」と枢密院の官僚出身者が強く反対し、陪審法案は廃案になりました。

原内閣はただちに第二次陪審法案を提出しますが、これも棚ざらし後廃案。

あきらめない原は、その翌日第三次陪審法案を提出して、その成立を粘り強く画策しますが、その一〇日後には突如東京駅で刺殺され、強力な推進力を失った陪審制成立も危ぶまれることとなりました。

ところが、反陪審派の期待に反して陪審制成立の動きはやまず、政友会総裁となった高橋是清も陪審法案を引き継ぎます。高橋は、さすがに人権擁護・民衆参加の強い流れを無視できなくなってきた枢密院との間で話合いを行い、いくつかの譲歩を受け入れるかたちで陪審法案を承認させることに成功し、帝国議会にこの法案を提出するに至ります。衆議院では無事可決されますが、貴族院では反政友会議員の議事引き延ばしで審議未了へ持ち込まれ、成立直前でまさかの廃案になりました。

それでも陪審法成立を望む世論はやまず、続く加藤友三郎内閣にもこの法案は引き継がれ、ボアソナード案から半世紀近く経過した四四年後の一九二三年に、第四次陪審法案はようやく成立しました。

ちなみに、この法律が施行された一〇月一日は、現在「法の日」とされています。

Q23 陪審制は日本になじみますか?

陪審制度は、国民の司法参加の形態としていちばん民主的なものといえるはずです。では、なぜその民主的な制度が「日本にはなじまない」といわれてしまうのでしょうか。

●判決の統一性・法的安定性

まず、職業裁判官や研究者からは、陪審制度そのものに対して次のような批判が唱えられています。すなわち、陪審裁判は、従来の「キャリア裁判官による調書を中心とした職権的裁判」とは違い、訴訟構造がより直接主義的になるため、書面裁判に比べ訴訟当事者の能力が直接的に判決の結果に影響することで、裁判所の判決に統一性や法的安定性がなくなるのではないかという批判です。この批判からは、従来の形態のみを唯一の正しい裁判のあり方として肯定し、これを堅持しようとする意思がうかがわれます。

陪審制度では、裁判官は交えず非法律家である陪審員たちだけで事件を吟味し、評議を重ねる仕組みになっていますが、独立して審議を行うとはいっても、まったく没交渉になるのではありません。裁判官も陪審裁判の主宰者として、陪審選定・公判前の説示・異議申立ての決定・評決に関する最終説示を行います。裁判官には、陪審員が事実認定するにあたって、当該事件において、どのような点に注意して考えたらよいのかという要点をわかりやすく説明する能力も求められ、要領を得た説明がなされた場合には、陪審員の側もそれを遵守し、適正な結論に至ることが、陪審裁判を実施する国での実証研究でも証明されています。

陪審員は、一般市民としての良識さえもっていれば、専門的な法律知識はなくとも、裁判官によって示されるガイドラインに沿って適正かつ正確に結論に到達できることが諸外国において証明されている以上、もし、日本人の陪審員が適正な結論に至れないとしたら、それは、陪審員に問題があるのではなく、むしろ、適正なガイドラインを示すべき裁判官のいわば「道案内」能力に問題があるといえるのではないでしょうか。

●陪審員の事実認定能力

また、各陪審員自身の「事実認定能力」を疑う批判もあります。マスコミの予断に満ちた過剰な報道によって「陪審員は感情的になっており、事前に偏見をもたされている」とされ、また、法的訓練や事実認定に対する研修を受けていない素人である以上、法を適用する「事実」について十分な「認定能力がない」と批判し、こんな陪審員では、複雑な経済取引がらみの刑事事件や高度テクノロジーが関わってくる民事賠償事件などの証言が法廷でなされても、どうせ理解不能だとして、陪審制では公正な裁判を保障できないと決めつける専門家もいます。しかし、こうした陪審員の能力への疑念は、諸外国でも提起されているもので、日本人特有の問題とはいえません。

　ここに挙げられた問題点は、制度の改善と陪審員への教化によって十分克服可能なものであり、能力に疑念がある者が陪審員に含まれるかもしれないというだけで、主権在民の原理の司法領域における投影の道を安易に閉ざしてよい理由にはならないのです。

　陪審員個々人の能力の限界や一般市民として許容されうる程度の偏りは、システムを整備し、職業裁判官が適正手続（デュー・プロセス）の原則に従って、手続上の争いを即決していく判断力をもつことで克服されるのではないかと考えられます。

●日本人の国民性

　日本人は「お上や権威に弱く（したがってキャリア裁判官のほうを好む）」、「議論下手」で「自分の意見をはっきり言わず」、「大勢に押し流される」傾向が強いので陪審制には向かないといった意見もありますが、もし、これが日本人特有の国民性であるなら、陪審制はいうに及ばず、職業裁判官と一緒に一般市民が合議を行う参審制においても、素人は萎縮して権威に流され公正な裁判が行われないでしょうし、また、現在の合議制による職業裁判官もこうした「日本人的」なものからは自由でない以上、キャリア裁判官自体の存在も「日本人的」であるこの傾向のために否定されなくてはいけないことになりかねません。

　いわゆる「日本人的」なもののなかには、「実直さ」、「勤勉さ」、「自らの利益に固執せず公益に務める社会性」なども挙げられ、こうした徳目が備わった人物であれば、陪審員を立派に務めることができるといえるでしょう。

　現行制度のなかでは、もっとも陪審制に近いといわれる検察審査会の運営が日本人の手で滞りなく行われているのを見ても、合理的な理由もなく勘と印象だけで後ろ向きに語られるこうした批判に信憑性がないことは明らかです。陪審制度の問題点として語られているこうした問題点は、制度導入を阻むものというよりも、むしろ、その実現を阻もうとし、既得権を手放したがらない現行の権威から生じた開き直り的言説といえるでしょう。それらを、深く具体的に検討しないまま無条件に信じ込んでしまうことは、市民の司法参加というきわめて民主的な制度から遠ざかることになり、悪しき「日本人的」なものに縛られ続けることになるのではないでしょうか。

裁判を市民の手に

Q24 参審制ってどんな制度ですか？

●素人裁判官の参加する裁判

参審制というのは、法律の専門家である職業裁判官と、一般市民から選ばれた非法律家の参審員が名誉職裁判官として、ともに合議体を構成して裁判をする制度です。

英米法系の国々が陪審制を採用したのに対し、ドイツを中心とする大陸法系の国々では、市民の司法参加の一環として参審制が採用されました。

参審制では、陪審制のような陪審員と裁判官との役割分担は見られず、両者が一体となって事実認定や法令の適用・刑の量定にあたります。

陪審員は、選挙人名簿などから無作為に選ばれ、審理担当は一回限りであるのが多いのに対し、ドイツの参審制度では、参審員としてふさわしい人を地域の団体や政党から推薦してもらい、そのリストから裁判所あるいは任命委員会が指名して、一定の任期の間、さまざまな裁判と関わっていく仕組みになっています。

非法律家が裁判に加わることで裁判の正当性が根拠づけられるという発想の下、市民の意見を尊重するため、職業裁判官だけでの決定はできないように、一人の職業裁判官に対して参審員は二～三人となるのが通常です。

ドイツでは、地方裁判所における刑事・商事・農事事件に参審制が導入され、また、労働裁判所では、労使各一人の名誉職裁判官が参加して審議が行われています。

日本における参審制導入については、当初、日本がドイツの大陸法系を参考として法体系を作り上げてきた経緯から、陪審制よりも導入しやすいのではともいわれましたが、現在では英米法系の影響も強く受けており、条件さえ整えば陪審制でも市民の司法参加は図りうると双方の可能性が検討されつつあります。

●専門参審制

なお、医療過誤裁判のように、審理にあたって高度な専門的知見が要求される場合には、職業裁判官という法のプロに加え、医師や大学教授など審理に必要な専門知識を備えた専門家も参審員に迎え、より迅速で適正な審理をめざす「専門参審制」が有効だという意見もあります（Q32参照）。

現在、司法制度改革審議会でも、日本への専門参審制導入も議論されています。

コラム

検察審査会

検察審査会は、現在、日本で唯一の司法への直接市民参加の制度です。しかし、検察官の不起訴の決定に異議申立てができるとはいえ、検察審査委員一一人が出したその議決には、いままで検察官を拘束する力がなかったこともあり、そのあり方はほとんど一般市民の興味の埒外に置かれていました。

くじ引きで選ばれた人々は、半年間、非公開の場でどのような活動をしているのでしょうか。

一九九九年八月に京都弁護士会が行った京都検察審査協会会員三二四名への郵送アンケートの結果(回答八三名)を中心に、そのようすをのぞいてみましょう。

Q　事件の検討のため審査会に出席した日時はどうでしたか?

一件あたりの日数

一日間	二六名
二日間	九名
三日間	六名
四日間以上	一五名
無回答	二二名

かかった時間

二時間以下	二名
四時間以下	一〇名
一〇時間以下	一七名
一〇時間以上	二二名
無回答	一七名

Q　審査会に出席するため仕事を休みましたか?

はい	四五名
いいえ	二五名
無回答	一名

回答を寄せた八三名のうち、半数以上は仕事を休み、検察審査会へ参加しています。一件当たりの日数はおよそ一日程度のようですが、四～一〇時間はその件について話し合われているようです。

検察審査会に選ばれた司法記者のレポートによると、毎週同じ曜日に集まり、朝九時半から昼食を挟んで三時過ぎまで、一日中審査をするという記述もあり、負担であることは事実でしょうが、重要なことは審査員としての職務に負担を上回る意義があるかどうかでしょう。

Q　あなたや他の審査員の方ははっきりとご自分の意見を述べていましたか?

はい	六二名
いいえ	七名
無回答	二名

Q　論議は的を得て適正にされていたと思いましたか?

思う	六二名
思わない	七名

回答者のなかでは、論議のあり方を疑問視する見方は少ないようです。審査員は法律の素人であっても、検察審査会事務局からは裁判所書記官経験者などの専門家がアドバイザーとして参加し、的外れな議論にはならないよう、説明やフォローを加えるそうです。

この回答を見るかぎり、「日本人は感情や大勢に流されやすいから議論向きではない」という陪審制導入反対論者の懸念に正当性はないといえます。

また、各人の負担となる制度であるにもかかわらず、回答者八三名のうち、検察審査会をしてよかったと思う人は七一名もいたという結果も出ており、この制度が市民の司法への直接参加手段として大きな意味をもつことが見えてきます。ここからうかがえる日本人の実直さやまじめさは、これからの司法改革の大きな支えとなることでしょう。

Q25

裁判を市民の手に

いま、市民が司法に参加する手段はありませんか？

市民の司法参加は、現行制度のなかでもいくつか実現しています。その多くは条件つきの選定ですが、一般市民から選ばれており、民主性を保つのに一定の役割を果たしています。

また、検察審査会は日本で唯一の司法への直接市民参加制度として注目されています。

●調停委員

調停委員は、最高裁によって、弁護士など一定の範囲の有識者のなかからあらかじめ任命され、事件ごとに地裁や家裁が指定して調停にあたらせるもので（民事調停法六条、家事審判法三条など）、主任となる裁判官一人と調停委員二人からなる調停委員会で、訴訟よりも簡易迅速な紛争解決をめざして個別の調停を行います。

●司法委員

司法委員は、毎年あらかじめ地裁が選任した者のなかから、簡裁の裁量でその必要性に応じて事件ごとに指定するもので、簡裁の民事事件の審理に立ち会って意見を述べ、和解の試みを補助します（民事訴訟法三五八条四～六項）。

この制度は、健全な社会良識を裁判に反映させようとする趣旨から設けられたものですが、その意見に裁判所を拘束する力はありません。

●検察審査会

検察審査員は、選挙人名簿をもとにくじ引きで任意に一一人が選ばれ、六カ月の間、全国に二〇一カ所ある検察審査会で検察が行った不起訴処分についてその妥当性を審査します。審議は非公開で、犯罪被害者や告訴・告発人からの申立てを受けて、関係者からの事情聴取をしたり、検察官に、なぜ起訴しなかったのかという判断の根拠を尋ねます（57頁コラム参照）。

そして、審査員一一人の過半数（六人）がこの事例を「罪に問わないのはおかしい」と判断すれば「不起訴不当」に、八人以上が同様の判断をした場合には「起訴相当」と議決できます。検察の判断が妥当だったと判断したときには「不起訴相当」とします。

日本では、現在、起訴か不起訴かという裁量（訴追裁量）は、検察官によって独占的に行われているのですが、英米法の起訴陪審にヒントを得て、そこに民意を反映させる目的で成立したこの制度は、昨今導入が検討されている陪審制に近いものとして注目されています。ただ、検察の処分の妥当性が問えるのは不起訴処分の場合に限られ、また、その議決に検察官を拘束する法的効力が現在はないため、たとえ不起訴不当や起訴相当という議決を検事正に提出し再考を促したとしても、実際に起訴までに至る事例は、年数件程度にとどまっています。

二〇〇〇年九月には、昨今の犯罪被害者を保護する動きを受けて、検察審査会の機能強化を打ち出していた司法制度改革審議会が、検察の不起訴処分を覆して同委員会が出す「起訴相当」の議決に拘束力をもたせ、一定の範囲で民意を反映させて、検察官が独占してきた起訴判断のあり方を見直す方向が示されました。

最高裁・日弁連とも、民意反映型の新制度導入には賛成しており、従来は拘束力がなかった検察審査会の議決に拘束力が認められることで、より市民に開かれた司法の実現が期待できるようになるといえるでしょう。

最近では、横断歩道を渡る途中の小学生片山隼くんが前方不注意の左折トラックに轢かれて死亡した事件に関して、検察審査会が検察の不起訴処分を不当とし、起訴への道を開いたことで大きな話題になりました。

また、たまたま、検察審査員に選ばれた裁判所回りの新聞記者が、その体験をまとめたホームページもあり、検察審査員の生の姿がレポートされています（http://www.infobears.ne.jp/athome/tokuzou/shinsakai.html）。

●付審判手続

このほか、不起訴処分のコントロールを図る手続として、付審判手続（準起訴手続、刑事訴訟法二六二条）があり、裁判・検察・警察などの職務を行う公務員の職権濫用の罪に対し、告訴人・告発人が不起訴処分に不服を申し立てて裁判を要求できる制度となってはいるのですが、実際に裁判が認められる率は約〇・一％にすぎません。

民事裁判を使いやすく

Q26 お金がない人が裁判をするにはどうしたらよいのでしょうか?

「裁判はお金がかかる」。これは、たしかにそうです。しかし、お金がない人は裁判制度を利用できないということでは、真の法治国家とはいえないでしょう。たとえば現在、医療は、国の健康保険制度によって、利用者の費用負担が著しく軽減されています。これにより、国民が容易に医療制度を利用できるというわけです。

ただ、これと同様のことを裁判制度においても実施するわけにはいきません。誰でも安価な費用で訴えることができるとなれば、裁判制度が濫用されるおそれがあり、そうなれば真の権利保護が逆に不十分になってしまうからです。

したがって、裁判費用の問題は、国民が裁判を広く利用できるようにするという要請とともに、裁判の濫用を防がなければならないという相反する要請を同時に充たさなければならない点で、とても難しい問題を含んでいます。

現在の司法制度改革の流れのなかで、提案されている制度を紹介しましょう。

●法律扶助制度の拡充

まず、「法律扶助制度」の拡充です。法律扶助制度とは、弁護士の援助が必要なのに資力がないという人のために、費用を立て替え、弁護士を紹介する制度で、日本弁護士連合会が発起人となって設立された財団法人法律扶助協会によって運営されています。ただ、この法律扶助を受けるためには、次の二つの要件を満たすことが必要です。第一が、「資力基準」すなわち自分で費用が負担できないこと、第二に勝訴の見込みがあることが必要となっています。

実際には、この要件を満たしているかどうかの判断は難しいところがあります。そこで、この要件を緩和して、法律扶助制度を受けやすくすべきであるという提案がなされています。

●弁護士費用の敗訴者負担

現在、訴訟における弁護士に対する報酬は、訴訟の勝敗にかかわらず、各当事者が委任した弁護士に支払うことになっています。判決には「訴訟費用の原告（被告）の負担とする」と書いてあっても、これは証人の日当等を指し、弁護士費用は一切含まれていません。裁判を余儀なくされたために生じた弁護士費用については、損害賠償請求として認められなければ相手方から回収することはできません。しかも、裁判所はよほどのことがないかぎり因果関係がないといって、弁護士費用全額は認めないのです。

実際、弁護士に対する高額な報酬のために、訴訟をためらうことがあるというのも事実です。自分の正当な権利を主張し、それが実現されただけなのに、場合によっては、訴訟によって返還が実現した金額よりも高額な費用がかかるということもあり、それでは本末転倒といわざるをえません。

そこで、弁護士に対する報酬を敗訴者負担にするという制度が、先般の民事訴訟法大改正の際にも検討されましたが、見送られることになりました。この弁護士費用の敗訴者負担という問題は、弁護士業務のあり方に密接に関連する問題であるために、抜本的な弁護士業務の改革なしには実現できなかったのです。

そこで、今般の司法改革では、まさに抜本的な改革がめざされているわけですから、あらためてこの問題がクローズアップされることになりました。ただ、この制度を認めると市民が企業を訴えて敗訴した場合に、市民が多額の弁護士費用を負担することになり、こうした訴訟が困難になるのではないかという指摘もあります。

●訴訟費用の見直し

裁判を起こすには、国に手数料として訴訟費用を納める必要があります。たとえば、地方裁判所に対して損害賠償や売買代金などの支払いを求めて訴訟を起こす場合、訴訟費用の計算は提訴した金額に応じたスライド制となっていますので、提訴金額が大きくなるにつれて訴訟費用納付のために貼る収入印紙の額も大きくなります。家庭裁判所に対する調停の申立てが一律九〇〇円であることと比べると、裁判を抑制する要因になっています。そこで、地裁や簡裁に対する訴えの訴訟費用の見直し、簡易裁判所での手数料の定額化などの検討が望まれています。

また、基本的に裁判所に一回行くだけで解決できる少額訴訟の上限（三〇万円）や簡易裁判所の管轄（九〇万円未満）を引き上げて、比較的簡易な手続を利用できる幅を広げることも検討されています。

●「権利保護保険」

訴訟費用保険とは、あくまで損害保険の一つの商品として、自らが訴訟を提起する、また提起された場合をリスクとして、それに伴って発生するであろう訴訟費用を担保する保険のことです。

日弁連では、かねてより弁護士報酬を含む訴訟費用を担保する訴訟費用保険の創設を提唱してきましたが、このほどこれに賛同する損害保険会社による商品開発が進み、今秋にも、事故被害者の損害賠償のために必要となる法律相談料・手続費用・弁護士報酬等を保険金で填補する「権利保護保険」が発売される見込みとなりました。

民事裁判を使いやすく

Q27 民事裁判でもっと早く決着をつけることはできませんか？

●裁判の迅速化の努力が必要

日本の裁判は、市民の感覚からすると、長期戦でいつ終わるか予想もつかないのが実状です。審理期間としては、一九九八年度司法統計によれば、通常の第一審民事事件（地方裁判所が主に受けもつ事件で、貸金、明渡しなどの典型的な一般民事事件）でさえ、裁判所が審理したうえで判決を下すまでに一年から二年を要する場合が多く、第一審の終結までに五年以上かかっている事件もあります。事件が控訴され最高裁まで上告された場合、最終的に最高裁の判決が下りるまでに一〇数年が経ってしまい、判決が出るまえに被害者が死亡したり、差し止められるべき事業が完成して行政訴訟の訴えの利益が消滅するなど、なんのために裁判をしたのかわからなくなってしまうケースもあります。

このような民事裁判をできるだけ迅速化するため、一カ月に一回の期日で五月雨式に審理していた現状を改めるべく、一九九六年民事訴訟法が大改正されました。この改正では、充実した争点整理を行い、集中証拠調べを行って、審理期間を短縮するためのさまざまな手当てがなされました。

しかし、従来の実務慣行が大きく変わっていないともいわれており、裁判官や裁判所スタッフの増員や転勤問題（転勤のたびに裁判官の方針が変わったり、審理が繰り返されることによって審理が重複する）などの問題が残っています。また、弁護士間に競争原理があまり働いていないため、弁護士が民事裁判の早期解決を怠っているのではないかという問題も指摘されています。

●さらなる充実・迅速化のために

さらに充実した審理を行うために、審理期間を法的に制限しようという議論も出されています。この議論については、審理が迅速化されるのはよいことですが、裁判所が必要以上に証人を制限したり、強権的な争点整理を行って、当事者の言い分を十分に聞かないという声もあがっています。

また、証拠収集手続の充実化のために、民事訴訟法の改正によって文書提出命令の一般義務化や対象範囲の拡大が行われましたが、行政に対する文書提出命令の範囲など未解決の部分も残っています。

なお、改正法には新たに当事者照会制度が導入されました。これは裁判の相手方に対し照会をすることにより、その回答を証拠化するという制度で、アメリカで採用されている事前証拠開示手続、ディスカバリー制度を参考にした制度です。

ただし、ディスカバリーは、公判前に当事者間で開示すべき証拠を指定し、証人候補者に対するインタビューまで行ってすべての証拠開示を行うもので、不提出に対する制裁など強い効果が与えられています。これに対し当事者照会制度は、訴訟手続内での当事者間のやりとりにとどまり、不提出があればその旨を示し、裁判所の心証形成に期待するといった程度の弱い効果しかありません。

そこで、アメリカ式の本格的なディスカバリー制度の採用が提唱されていますが、問題点として、公判前の証拠開示手続にかかるエネルギーや弁護士費用が膨大で裁判による解決を抑制する、日本の弁護士事務所では対応できないなどがあり、慎重論も有力です。

コラム

猫・電子レンジ事件

日本の法曹の数の増加に反対する理由として、「アメリカのような訴訟と法律家の多い社会になったらたいへんだ」ということがいわれます。そして、アメリカが法に頼りすぎる社会であることを論証するために挙げられるのが、「アメリカでは、交通事故があると救急車よりも早く、弁護士が飛んで来る」という小話と「猫・電子レンジ事件」です。

「猫・電子レンジ事件」というのは、アメリカで雨に濡れた猫を電子レンジで乾かそうとして死なせてしまった人が、「電子レンジの注意書きに、『猫を乾かすのに使ってはいけません』と書いていなかったからだ」と主張する損害賠償請求をして、多額の賠償金を得たという話です。たしかに、これが本当だとすると理不尽なことです。この話を聞いた人は、「日本はアメリカのような、法に頼りすぎる社会でなくてよかった」と考えることでしょう。

しかし、これは極端な例であって、日本の法曹の数の増加に反対する理由にはなりません。第一、交通事故の話は小話にすぎませんし、「猫・電子レンジ事件」の話はその真偽すら不明なのです。第五回司法制度改革審議会で藤田委員から「猫・電子レンジ事件」の真偽についての質問が出されたのですが、説明者として参加した藤倉皓一・元早稲田大学教授は、「私、調べたことがあるんです。いろんなデータベースを調べましたけれども、そういう訴訟は起こったかもしれませんけれども、判決に至った例ではないと思うんです」と答えています。

たしかに、国民の約二九〇人に一人が法曹であるというアメリカは、法曹の数が多すぎるかもしれません。しかし、そうだとしても、国民の約五九〇〇人に一人が法曹であるという日本の法曹の数が、適当だという理由にはならないでしょう。また、「猫・電子レンジ事件」の話が事実であるとしても、日本の司法制度が正常であるという証拠にはならないのです。

Q28

民事裁判を使いやすく

裁判所をもっと使いやすくできませんか？

司法に関する情報公開は非常に遅れています。これは、国民を司法にアクセスしづらくさせている原因の一つです。

●裁判所の情報公開

司法の利用者の立場からすれば、裁判手続をはじめとする紛争解決手段に関する情報を適切に収集できることが必要です。そのためには、まず裁判所は、裁判に関する総合的な情報を提供するように努め、裁判所もＡＤＲ（Ｑ30参照）などを含む関係機関と連携し、多様な手続に関する情報提供を進めていかなければなりません。

また裁判所が裁判例や係属中の裁判に関する情報を積極的に提供することは、紛争防止や解決にとって重要です。現在では、最高裁はホームページを通じて、知的財産権関係事件の判決を「速報」として提供しています。また、先例価値のある最高裁判決が公開されており、こうした判決情報の公開がさらに拡大されていくべきでしょう。

さらに今後は、最高裁の判例情報および知的財産権訴訟のみならず、下級裁判所の判例情報の公開についても、当事者のプライバシーへの配慮をしつつ、検討する必要があります。

●相談窓口の設置

さらに、国民がトラブルに巻き込まれたときには、一般の市民の身近にある相談窓口で、司法に関する総合的な情報提供や法律相談ができる仕組みが必要です。これには、弁護士・弁護士会がそのような仕組みを十分に整備することはもちろん、「消費者センター」のような事件別の法律相談窓口を設定し、アクセスしやすい窓口を置かなければなりません。

●ナイトコートの設置

司法へのアクセス、すなわち裁判所へのアクセスを容易にするための工夫として提案されているものの一つが、「ナイトコート」です。これは、文字どおり夜間に開廷される裁判のことをいいます。現在、裁判は午前一〇時から午後四時頃までに行われているのが通常ですが、その時間というのは、一般の勤め人にとっては勤務に支障が生じ、自らの裁判であるにもかかわらず、傍聴することもできないという不都合があります。そこで、夜間に開廷する「ナイトコート」が提案されています。

Q29 勝訴しても相手方が判決に従わない場合はどうなるのですか？

●民事執行制度の問題点

裁判で勝訴判決を勝ち取っても、その後にあらためて執行手続しなければ権利が実現されないのが原則です。このことは、あまり知られていません。

民事執行制度は、判決などをもとに債務者の資産を差し押さえて、金銭を回収したり、不動産を競売にかける手続です。ただ、いくら債務者が敗訴したといっても、債務者に資産がない場合は、結局回収ができなくなります。そうなれば、長い時間と多大な費用やエネルギーをかけて勝訴判決を勝ち取っても、判決はただの紙切れ同然です。

また、債務者に資産がある場合でも、土地や建物などの名義を変えたり財産隠しが行われ、その全容を把握できなければ、せっかく判決をとっても現実には回収することはできません。

さらに、執行妨害行為による問題もあります。つまり、土地家屋に対する抵当権を実行して、競売で売り払った代金から債権を回収しようとしても、そこに人相の悪い人々が居座っていれば、普通の買い手はつきにくくなり、競売を困難にしたり、格安で買いたたく結果となる場合があるのです。

また、執行費用が高く、執行官と提携する業者に対する費用面など、不明瞭な点があるとの批判もあります。これはどういうことかというと、執行行為は裁判と違い現場での作業が必要です。家の鍵を開ける鍵屋や、カラオケ設備に網をかけて封印する作業をする人手が必要です。また、よく「家財道具差押え」といわれますが、実際家庭で使用した家具に普通の市場で満足な値段がつくわけはありません。家財道具の競売は、古買屋といわれる業者が入り、冷蔵庫一〇〇〇円、などと次々に執行官がつける値で代金を執行官に渡すことで、債権の回収が行われるのです。古買屋はその後で、利益があがる値段で家人に家具を買い取らせるわけです。このように執行にはさまざまな業者が関与しているのです。

●対応策

このような問題があるなかで、司法改革の議論では、債務者の資産を把握する手段の強化、債務者に資産がない場合の対応策の検討が行われています。具体的には、債務者に対する財産状況親告命令や、債権者からの財産照会手続の創設に関する提案などが出されています。

Q30

民事裁判を使いやすく

裁判以外の方法でトラブルを解決する手段はありませんか？

もめごとが起きたとき、それを解決する手段はなにも裁判だけではありません。それ以外にも紛争を解決する手段はいろいろあります。そうした裁判以外の紛争解決手段のことを総称してＡＤＲ(Alternative Dispute Resolution）といいます。

●調停

たとえば、裁判所における「調停」というものがあります。これは訴訟と違い、法律ではなく「条理」に従って当事者の合意によって解決する手続です。必ずしも法律ではうまく対処できないような事情がある場合に、実状に即した解決をするときに利用されます。

離婚問題等の家事事件（家事調停）や、借地借家に関する借賃の増減の請求などの一定の民事事件（民事調停）では、調停前置主義といって訴訟の前に必ず調停を行うことが義務づけられています。

●行政型と民間型

さらに裁判所を一切利用しないタイプの紛争解決手段としては、主として専門的な事件を扱う機関として、行政型と民間型とがあります。

前者には、労働委員会、建設工事紛争審査会、消費生活センター等があり、後者には、弁護士会の仲裁センター、交通事故紛争処理センター、そして業界ごとのＰＬセンターなどがあります。

●ＡＤＲのメリット・デメリット

これらは、いずれも専門的な事件に対して、裁判よりも安く、迅速に、そして非公開で処理されるというメリットがあります。また調停と同じく、法律によらず条理に従って解決がなされるため、実状に即した解決ができるというメリットがあります

もっとも、これらの解決は、裁判のような公権的解決ではないため、裁判所による判決のような拘束力、強制力がないという点で問題があります（もっとも、調停は裁判官が関与するため、判決と同等の拘束力が認められています）。そのため、ＡＤＲで解決がなされたとしても、結局その解決案どおりに当事者が行動しない場合には、それを強制できないわけですから、結局訴訟にもっていくしかないというわけです。

とはいえ、これによりこれまで泣き寝入りするしかなかった紛争も、このようなＡＤＲ機関へアクセスすることによ

り、一定の解決が得られるわけですし、それで解決が得られなくとも、訴訟に踏み切るということがなされやすくなるという点を考えあわせると、司法の利用に貢献するものといえましょう。

●ADRと司法との役割分担

このようなADRの拡充が今般の司法改革における一つの論点となっています。ただ、あくまで司法それ自体、つまり裁判所をより機能させる、また裁判所にアクセスしやすくするというのが、司法改革の大きなテーマですから、ADRばかりを拡充しても、それによってむしろ裁判所離れが進んでしまうようでは本末転倒です。

司法との役割分担を明確にしておく必要があります。つまり、ADRにふさわしい事件はADRに、訴訟にふさわしい事件は訴訟にということです。こうして、司法を中心としながらも、ADRをも含めた全体としての紛争解決システムの構築が今般の司法改革ではめざされています。

そしてまた、事案に応じた多種多様な紛争解決メニューを一般市民が自由に選択できる一元化された情報が一般市民に提供されたとき、これまでにない新たな司法社会が実現することでしょう。

コラム……消費生活センター

消費者の権利の確立と擁護に大きな役割を果たしているのが、地方自治体の消費者行政の一部局として設置されている消費者生活センターです。行政型のADRの一つです。

消費者が消費生活に関して被害を被った場合に、被害の原因となった商品・サービスを提供した企業と消費者が交渉して解決するのは簡単ではありません。普通の消費者は権利を主張して企業と交渉することに慣れていませんし、また、企業側も適正に対応しない場合があるからです。そういう場合には民事裁判を通じた解決が考えられますが、これまでの司法制度においては、消費者の訴訟はコスト・時間・労力などの面において割が合わないことが多く、また、「裁判沙汰」を避けたいという消費者の心理も加わって、訴訟に至る例は少なかったのです。

そこで、重要な役割を果たしてきたのが消費生活センターです。消費生活センターは、消費者からの相談を受け、これに判断を加えたうえで被害の解消のために企業を説得し、消費者と企業との合意による解決をめざします。消費生活センターは両当事者への強制力をもたないので、社会通念や社会常識に基づいて的確な判断を加えて、両当事者、とりわけ企業を説得することが必要になります。消費生活センターの相談担当者は行政職員だけでなく、主婦などの相談員によっても担われていますが、消費者紛争について合意を形成しうるだけの判断力が必要とされているのです。

消費者の権利の確立と擁護のためには、消費生活センターなどのADRのいっそうの充実が必要でしょう。ただし、それらに過度の期待をかけるのは誤りです。消費者と企業の利益が著しく対立する紛争の場合は、ADRを用いた合意による解決は期待できないのですから、訴訟を通じた速やかな解決の道を確保しなければならないのです。

Q31 一般市民が企業と対等に闘うことができるのでしょうか？

一般市民が企業を訴えるという場合、やはり弱者対強者ですから、市民が単独で闘うには厳しいものがありますし、また、勝ったとしても一個人に対する損害の補填など、企業にとってたいしたダメージではありませんから、その元となった不当な行為を抑止することはできません。

そこで、市民と企業が対等に闘えるだけの手段が欧米では訴訟において保障されており、それらの日本への導入がいま検討されています。

●クラスアクション

たとえば、食品会社の製造法にミスがあり、多数の消費者に健康上の害悪を与えたというような場合、各被害者が個別に訴えを提起するというのでは、非効率的で経済的に採算があいませんし、個々人の証拠収集能力では巨大な組織力を背景とする企業にはかないません。そこで、多数の被害者が一括して損害賠償を請求できる制度がクラスアクションという制度で、アメリカでは実際に運用されています。

日本では、民事訴訟法にこれと似た制度（選定当事者制度：共同の利益を有する多数者のなかから代表者を選出してその者を当事者とする制度で、個別の授権が必要な点でクラスアクションと異なる）が用意されていますが、クラスアクションの制度と比べればまだまだ不十分でしょう。

この制度が導入されれば、被害を受けた市民が結束して企業を相手に訴訟を提起することが可能になりますから、そうした訴訟を促進することはまちがいありません。すると、そうした訴訟を通じて、それ以上の被害の拡散を防止することができますし、なにより法の支配という理念を市民の側から貫徹することができることになるのです。

●団体訴権

ある者の違法な行為により、消費者や地域住民など多数の者に少額または拡散した被害が及ぶ場合に、被害者等の利益を保護することを目的とする団体に、その違法行為の差止請求訴訟を提起する固有の資格を与えるというのが団体訴権の制度です。これはドイツでは、不正競争防止法や約款法という法律の中で認められていますが、日本ではまだ存在せず、導入の是非が検討されています。

クラスアクションと異なるのは、あくまで消費者団体のような「団体」それ自体に訴訟の当事者としての地位を認めるということです。これまで、消費者団体は、市民運動を通じて問題を提起することはできても、直接に訴訟の主体になることはできませんでした。あくまで、実際に不利益を受けた個々人が訴訟の当事者となるべきであるというのが日本の民事訴訟法の考え方だからです。

しかし、この制度が導入されれば、一個人にすぎない市民に代わって、そうした市民の救済を目的とする団体が訴訟の当事者となるわけですから、企業と対等に闘うことができるようになるわけです。

●懲罰的損害賠償

通常、不法行為による損害賠償請求を行う場合、現実に受けた損害分だけ賠償を請求させ、被害者が被った不利益を補填して、不法行為がなかったときの状態に回復させるということになっています。

ところがアメリカでは、とくに悪性の強い行為をした加害者に対しては、これに制裁を加え、将来における同様の行為を抑制する趣旨で被害者の損害の補填に加え、さらに懲罰的に賠償金の支払いを命じることができるとする懲罰的損害賠償制度が認められています。

アメリカで、タバコによってガンになる可能性があることを知りつつ、その警告を怠り、販売を続けたタバコ会社に対して、莫大な懲罰賠償の支払いが評決されたということが、先日話題になりました。

この制度は、ときに莫大な賠償額にのぼり、支払いを命じられた企業は経営を維持することができず、破産するというような場合もあり、この制度の導入には慎重論も根強くあります。

しかし、この制度が導入されれば、一般市民でも企業と対等に訴訟で渡り合うことが可能になり、これまでのような「割に合わない」から企業相手には訴訟をしないという事態には陥らずにすむでしょう。

Q32 医療過誤などの専門知識が必要な裁判で市民が負けないようにできませんか？

●医療過誤訴訟

医療過誤訴訟は、長い年月を要し、一般の市民がなかなか勝てないのが現状です。

まず、患者側に証拠がほとんどなく医療機関の側に証拠が偏っているといういわゆる「証拠の構造的偏在」があり、はじめから患者側が不利であるうえ、医療という高度に専門的な判断については素人である裁判官が、自己が所属する医療業界に有利な判断を示しやすい鑑定人の意見に依存する体質があると批判されています。

現在、審理の充実・促進の点については、診療経過表作成による争点整理の迅速化や文書提出命令の拡充によるカルテなどの証拠化の工夫がなされていますが、医療機関による証拠隠し・改ざんも含め大きな壁があります。さらに立証負担の軽減が図られる必要があります。

裁判費用の負担も大きな重圧になっており、医療過誤訴訟においては、訴訟費用の見直しや弁護士費用の敗訴者負担の制度による改善が強く求められています。

●労働関係事件

労働関係事件は、厳密にいえば専門的な知見を要するということではありませんが、地方裁判所、高等裁判所、最高裁の三審での審理の前提となる労働委員会の決定等を含めていわゆる「五審制」となるケースもあり、特殊な類型の事件です。現在労働者の権利救済に相当の長い時間を要しており、労働者の泣き寝入りが強いられているケースも多いなどの問題があります。

司法改革の議論のなかでは、労働委員会の審査を第一審裁判所に代替できるような条件整備を行い、一審の省略を行うなどの検討がなされています。この場合、労働委員会が証拠に関して行った判断を裁判所が尊重すべきことを法律上定めるという制度（これを実質的証拠ルールといい、現在は独占禁止法関係を扱う公正取引委員会の判断に認められています）とすべきだという意見もあります。

●知的財産権関係事件

司法改革のなかで、知的財産関係事件の対応強化が議論の対象となっています。知的財産権は、特許権、実用新案権、意匠権、商標権、不正競争防止法違反（著名表示冒用等）、著作権等、知的活動の所産である財産に権利としての保護が与えられているものが挙げられます。特許権や、著作権として保護されるコンピューター・プログラムの例をみてもわかるように、権利が成立する範囲、相手方の侵害が成立する範囲の判断そのものについて、高度の専門的知識を要します。現在、東京地方裁判所、大阪地方裁判所に知的財産権関係事件の専門部があり、技術分野に応じた専門スタッフを備えていますが、裁判官自身の専門性をより強化するなど、裁判所の対応力の強化の必要があります。知的財産権事件については、技術分野、コンピューター関連分野をはじめとする国内産業の国際競争力にも関わるため、裁判所での迅速な処理について政財界からも強い要請があるのです。

●専門参審制

専門的知識が必要な事件については、現在は、裁判所が専門的知識をもつ鑑定人を起用したり、裁判所が技術スタッフを備えるかたちで対応しています。

しかしながら、たとえば医療過誤訴訟においては、裁判所が選任する鑑定人自身が医学界に属するため、鑑定内容が医療機関側に有利な判断に傾きがちであり、また裁判官も鑑定人の判断に迎合しやすいという問題点が指摘され、公正・中立なシステムが強く要望されてきました。

そこで、司法改革の議論のなかでは、裁判所の判断過程に市民が参加する参審制（Q24参照）のように、公正中立な専門家が関与し、裁判官とともに合議する専門参審制の導入も提案されています。

しかしながら、専門参審制に対しては、当事者から見えない密室で裁判官の心証が形成されてしまうおそれがあり、公正・中立な専門家の選定は鑑定人の選出同様に困難であり、従来の裁判所の専門家の判断に迎合しやすい体質が本当に改善されるのかなどの問題点も指摘されています。

民事裁判を使いやすく

Q33 裁判で行政の誤りを正せませんか？

●行政訴訟は徒労に終わる？

行政活動には、行政計画や行政指導、給付行政（国民への生活扶助等手当の給付等）などのさまざまな手法が多用されていますが、市民の権利が侵害される事例が多くなってきているにもかかわらず、国や地方自治体を相手どって訴えを起こす行政訴訟による救済は絶望的な状況です。行政訴訟では、市民が訴訟に勝つためには、いく重にも設けられた壁を破る必要があり、市民の権利救済の道が大幅に阻まれています。

たとえば、高架線道路建築工事など、周辺住民に多大な影響を与える行政計画に対しては、周辺住民には原告適格が認められず、訴えを提起しても却下されてしまいます。なんらかの手段で工事を差し止めよとの訴えが成立したとしても、行政計画の段階では工事を仮に差し止める制度がないため、裁判で抗争している間にも工事が着々と進み、結局は、工事が終了してしまうということもしばしばです。あげくの果てに、工事が終了した以上その工事を予防的に差し止める訴えの利益は失われた、として結局は訴えを却下されてしまうのです。

これでは、行政訴訟を起こすのは徒労でしかなく、行政訴訟法は国の利益を巧妙に守るためにあるのではないか、とさえ思わざるをえません。

風俗営業許可の取消しについても、住環境に多大な影響を及ぼすにもかかわらず、周辺住民に原告適格がないとして却下されてしまいます。

●証拠に関する厚い壁

行政訴訟では、証拠資料はほとんどの場合行政側が握っています。ここに「証拠の構造的な偏在」があります。にもかかわらず、行政の誤りを指摘する市民側に重い立証責任の負担が課せられています。市民側には、行政権によって権利を侵害されたことは主張できても、それを証明する証拠を集めるまで要求されるのはたいへん酷な要求です。民事訴訟法の改正によって文書提出命令の対象が拡大され、医療過誤訴訟等には役立つ法制となったのですが、実は行政文書については、いまだ文書提出命令の対象から除外されたままであり、早期検討事項にとどまっているのです。また、実際に行政事件を多く経験している弁護士からは、行政側による証拠隠しも指摘されています。

●さらに厚い「行政裁量論」の壁

憲法上は三権分立というチェック・アンド・バランスの一翼を担う裁判所は、行政権による権利侵害を監視し市民を救済すべき機関として、本来行政権の行使を客観的に判断することが期待されているはずです。

しかしながら、現在の裁判所は、司法権が行政権の行為に対して積極的な判断を示すことは、裁判所の判決に行政作用をもたせることになり三権分立に反するとしています。これは形式的な三権分立論から、行政裁量を過大に尊重する立場といえます。

行政裁量に関する裁判所の考え方は、「第一次判断権を有する行政権が判断した事項は、判断過程に合理性があるかぎり、裁量権の逸脱・濫用はない」との基準で行政行為の違法性、違憲性を判断するというものです。つまり、手続的な問題がないかぎり、行政権が主観的に（行政権の立場で）判断した内容を違法ということはできない、といっており、裁判所が外からの立場でなすべき客観的判断を放棄しているのです。

これでは、別に裁判官でなくても、誰がみても疑う余地がないほど明らかな判断の誤りがある場合でなければ、行政裁量は違法とはならないというのと同様であり、裁判所の存在意義はないといわざるをえません。

●行政事件に携わる法曹の資質

行政事件では、裁判官自身が、最高裁による司法行政に慣らされていて行政官の立場に親近感がある場合が多いこと、また、判検交流によって、国側の代理人となった経験をもつ裁判官も存在しています。よい裁判官もいる反面、その資質に問題がある裁判官が担当する場合がないとはいいきれません。

また、取り扱ってくれる弁護士がなかなかみつからないのも、行政事件の特徴です。相当な時間と労力をかけたあげく徒労に終わるような事件では職業として成り立たない（割に合わない）ことや、司法試験科目でないために行政法に関する知識を習得している者が少ないという事情が背景にあり、行政事件の仕組みそのものの改革とともに、法曹教育の過程において行政法を組み込むことが重要です。

●制度全体の改革が不可欠

このように、行政訴訟においては、訴訟のはじめから終わりまで市民に対する厚い壁があります。原告適格を拡大し、団体訴訟なども認め、具体的な市民の権利救済を図る方策を真剣に検討することが必要です。

Q34

無実の罪で泣く人がでないように

刑事裁判の問題点はなんですか？

自由権規約に基づく国際機関である規約人権委員会の勧告は、わが国の刑事司法の水準が国際的な基準に照らして非常に低いと指摘しています（Q20参照）。

現在の刑事手続は、捜査機関による捜査と検察官による起訴、裁判所における公判手続、そして刑の執行という段階がありますが、とくに捜査段階における「被疑者（逮捕された人）の身柄拘束」には多くの問題が挙げられています。

●捜査段階

まず、問題なのが「代用監獄」です。

通常、被疑者の勾留が認められた場合、勾留の場所として、警察署に付属する留置場を監獄に代用することが法律上認められており、これを代用監獄といいます。実務上、被疑者の勾留の場合、この代用監獄に収容されるのが慣行になっています。

しかし代用監獄は、被疑者が四六時中捜査官の下に置かれるため、自白強要などの人権侵害が生じやすいといった批判がなされています。

また、被疑者段階（逮捕後、起訴されるまで）で公的弁護制度がないことも問題です。被告人段階（起訴された後の段階）では国選弁護人制度がありますが、被疑者段階では、私選による弁護人しか認められていないため、資力のない被疑者はまったく弁護人による援助がない状態で、一方的に捜査官からの取調べを受けざるをえず、これもまた被疑者の人権保護の観点から問題があります。

また、身柄拘束中の被疑者の取調べにおいて、テープ録音やビデオ撮影等の電気的手段による記録方法がとられていないことも問題です。

取調べにおいて、被疑者の供述は調書に録取されますが、実務では、いわゆる「物語方式」といって、警察官・検察官が一方的な作文によって供述調書を作成し、これについて被疑者の署名押印によって正確性を担保するというやり方をとっています。しかし、このような調書を見ただけでは、取調べが適正に行われたことを判断することは難しく、取調べ経過が克明にわかるテープ録音等の手段を用いるべきであるとの批判があります。

さらに、保釈が起訴後の被告人にしか認められていないこと、また、起訴前の段階における弁護人の接見交通権（身体を拘束されている被疑者または被告人と面会する権利）は大きく制約されていることも問題です。弁護人が接見を求めても、「捜査のため必要があるとき」には別日時の接見を指定され（刑事訴訟法三九条三項）、この指定権の運用次第では、被疑者の防御権にとってきわめて重要な接見交通権が大幅に制約されかねないのです。

これらは、規約人権委員会によって是正するよう勧告されています。

●公訴提起段階

わが国では、訴追権は検察官が独占し（起訴独占主義・刑訴法二四七条）、また、犯罪の嫌疑と訴訟条件が十分に備わっていても、訴追の必要がないと検察官が判断したときは、その裁量により不起訴とすることが認められています（起訴便宜主義・刑訴法二四八条）。

このような検察官の起訴独占主義・起訴便宜主義を採用する以上は、裁量権の行使が適正に行われるような一定の制約を加えるべきであるとの主張がなされています。具体的には、検察審査会（Q25参照）における「起訴相当」の議決についての法的拘束力の付与などですが、さらに起訴するかどうかを陪審員で決定するアメリカの大陪審のような制度の導入や、私人に起訴権限を認める私人訴追主義の採用なども、国民の司法参加という観点から、検討する必要があります。

コラム

外国人刑事事件と通訳の問題

外国人が刑事事件に巻き込まれた場合の問題としては、まず、逮捕時には本来、逮捕の理由を告知される権利がありますが、適切な通訳人を介さず、通訳人不在のままの事例さえあります。最初から日本の刑事手続も当番弁護士を頼めることも理解できないまま取調べを受けて、起訴された後国選弁護人が来てはじめて自分が何の罪に問われているのかを知ったというケースもあります。

また、国によっては、同じ罪が死刑に相当するような場合（薬物関係）や処罰されていない場合（大麻など）もあり、取調べの際に、頑なな否認を悪質と扱われ必要以上に刑が重くなったり、罪を犯していないのに自白調書に署名してしまう危険もあります。

自白調書の場合は、通訳が介在することでさらに問題が大きくなります。たとえば、殺人と傷害致死などの微妙な表現の違い、故意や動機、目的など内心に関するニュアンスなど、そもそも正確に供述が再現されず、捜査側に有利な調書ができあがって、内容も正確に確認できないまま署名して、結局覆すことができなかった事例は多いのです。そもそも、捜査機関が用意する通訳では、中立・公正な通訳の完全な保障はありません。

また、裁判所が用意する公判での通訳人でさえ、簡単な面接だけで名簿に登録し、資格試験などは行われていません。通訳能力に問題があったり、刑事手続の理解不足により誤訳するケースも実際に生じています。

こうした通訳の間違いを、弁護人がただすのは容易ではありません。裁判所でも証人尋問を録音する方法で対処はしているものの、通訳内容をチェックするチェック・インタープリターの導入や、通訳の資格制度、弁護人が選任する通訳への国費支給など、検討すべき課題はまだまだ多いといえます。

Q35 もっと早く判決を下せませんか？

無実の罪で泣く人がでないように

●「迅速な裁判」の前に

憲法三七条一項は、迅速な裁判を受ける権利を保障しています。

わが国の地方裁判所に係属した刑事裁判の平均審理期間は、近年、自白事件と否認事件とを合わせた全事件で約三カ月あまり、否認事件だけで見ても、約一〇カ月あまりで推移しており、通常の刑事事件については、おおむね、迅速に審理がなされているといえます。

しかし、しばしば報道等で紹介される国民が注目する特異な重大事件にあっては、第一審の審理だけで五年以上もの長期間を要する事件が珍しくありません。

ただ、このような事件が早急に審理され、早く結論が出されればそれでよいかといえば、ことはそう単純ではありません。一概に裁判が迅速であれば、それだけ被告人に利益とはいえないのです。

とくに被告人が否認している場合には、慎重な手続により、証拠によって事実を丹念に確定していくことをせねばなりません。また安易に自白を偏重することも許されてはなりません。必ずしも自白というものは任意でなされているとはかぎらないし、また不安や恐怖ゆえに、混乱した供述をしてしまう危険性が高いからです。

甲山《かぶとやま》事件（コラム参照）に象徴されるように、過去に長期化が問題視された事件の多くは、本来無罪であるべきなのに、無罪を獲得するために長期間をかけざるをえなかったのです。

ですから、今般の司法改革における刑事司法改革の第一義的課題を「適正かつ迅速な刑罰権の実現」とするのは、非常に危険です。そうではなく、強大な国家権力を背景にした捜査・訴追機関からいかに被疑者・被告人の人権を確保するかという視点が最優先にされなければならないのです。

捜査・訴追機関による人権侵害を防ぐための手続を十分に確保したうえで、はじめて「迅速な裁判」が問題にされるべきことをはっきりと確認しておく必要があります。

●全面的な証拠開示

そこで、「迅速な裁判」の実現のためにいかなる処方箋があるでしょうか。

現行の刑事訴訟法においては、検察官の手持ち証拠のうち、裁判所に証拠調べを請求するものについては、あらかじめ被告人・弁護人に閲覧等の機会を与えなくてはなりませんが、証拠調べを請求する予定のないものについては、そのような必要は明示されていません。

　そのため、圧倒的な権力を行使して証拠が収集される検察官側と、私人にすぎない弁護人による証拠収集では、その差は歴然としており、法が予定している対等な当事者としての地位は絵に描いた餅にすぎないのです。

　そこで、起訴される前の段階での検察官による証拠の全面開示が理想的であることはいうまでもありません。それが無理でも、被告人側にとって必要な証拠も開示されるよう、少なくとも起訴後には全面開示がなされるべきでしょう。これが実現すれば、被告人・弁護人側の訴訟準備が格段に充実し、真の争点も明確になります。

　そうした全面的な証拠開示が実現されたうえで、裁判所による争点整理がなされれば、迅速な裁判が実現できるはずです。

コラム

冤罪・甲山事件

　一九七四年、兵庫県西宮市の精神薄弱児の収容施設・甲山学園で二人の園児が行方不明になり、園内のトイレ浄化槽から水死体で発見されました。そして、甲山学園の保母であった山田悦子さん（当時二二歳）が園児殺害の容疑で逮捕されます。

　山田さんは逮捕後、「代用監獄」に勾留され、釈放されるまでの二一日間、警察署地下の狭い取調室で、連日、長時間の取調べを受けました。取調べは一日の休みもなく、連日午前九時頃から約一〇時間も行われ、最も遅いときには午後一一時三〇分まで行われました。取調べには三人の警察官があたり、山田さんはつねに三方から囲まれ、休憩・食事も取調室内で捜査官の同席するなかで行われ、常時の緊張を強いられました。そして、弁護人の接見は徹底して妨害され、当初は弁護人に山田さんの留置場所を教えず、また、弁護人の申出があっても極力接見を認めず、わずか一〇分から三〇分の接見しかできませんでした。こうした異常な状況のなかで山田さんは、園児殺害を認める虚偽の自白をしてしまったのです。

　山田さんは、その後、一貫して無罪を主張します。検察は起訴ができず、山田さんは釈放されました。一年後に、神戸地方検察庁は不起訴処分を発表しましたが、その一年後に神戸検察審査会が「不起訴は不当」の決議を出し、警察による再捜査が始まります。そして、事件から四年後に山田さんは再逮捕され、殺人罪で起訴されました。

　一審神戸地裁は、七年の審理を経てすべての争点につき検察主張を退け、完璧な無罪判決を出します。ところが、二審の大阪高裁は「一審判決は事実誤認があり、審理が不十分」として神戸地裁に事件を差し戻す判決をしました。山田さんはこれに対して上告をしましたが、最高裁は上告を棄却します。高裁の差戻し判決に従い、神戸地裁で審理がやり直しになり、九八年三月に再び無罪判決が出されます。事件から二四年後に出された二度目の無罪判決に対して、検察は再び控訴を行いますが、九九年九月、大阪高裁は三度目の無罪判決を出しました。検察は最高裁への上告を断念し、無罪判決は確定します。事件から二五年が経過していました。

　甲山事件は、自白偏重、「代用監獄」、検察の上訴権の濫用など、被疑者・被告人の人権が十分に保障されず、冤罪の温床となっている日本の刑事裁判の問題点を浮き彫りにしています。

Q36

無実の罪で泣く人がでないように

逮捕されたらお金がなくても弁護士がついてくれるのですか?

●**起訴前の弁護人の役割**

現行法の下では、起訴されて被告人となった以後に国選弁護人を付すことが認められているにとどまり、捜査段階の被疑者については、国選弁護制度をはじめとする公的刑事弁護制度は設けられていません。

しかし捜査段階において弁護人の果たすべき役割は、捜査段階で作成される被疑者の供述調書がその後の公判に決定的な影響を与えることを考えると、きわめて重要です。司法制度改革審議会の論点整理においても、「刑事司法の公正さの確保という観点からは、被疑者・被告人の権利を適切に保護することが肝要であるが、そのために格別重要な意味を持つのが弁護人の援助を受ける権利を実効的に担保することである」との指摘がなされています。

●**弁護士会の取組み**

もっとも、被疑者の弁護に関しては、近年、全国の弁護士会が、捜査段階における弁護活動の重要性に鑑み、身柄を拘束された被疑者との初回接見を弁護士会の負担により行う、いわゆる当番弁護士制度を運用しており、また、財団法人法律扶助協会が、接見に続いて弁護士が資力に乏しい被疑者から事件を受任する場合に弁護士費用を扶助する刑事被疑者弁護援助制度を設け、実績をあげています。

●**公的被疑者弁護制度**

さらに法曹三者による「刑事被疑者弁護制度に関する意見交換会」が設置され、そのなかで、公的被疑者弁護制度の確立を主張する日弁連に対し、法務省が、「公的被疑者弁護制度に関する現実的な検討が必要な段階に来ている」との認識を示し、最高裁も、「被疑者弁護の公的援助制度について、前向きの議論を深めていくことに意義を認めることができる」と発言しています。

また、自由民主党の司法制度調査会においても、民事、刑事を包括した総合的法律扶助制度をめぐる議論のなかで、公的被疑者弁護制度のあり方が検討され、被疑者・被告人を通じた統一的な公的刑事弁護制度を創設し、公正・中立な認可法人がその運営にあたること等を内容とする案が採択されました。

この公的被疑者弁護制度ですが、その内容として、裁判所が弁護人を選任する「国選弁護制度」、被疑者が弁護人を選任し、その費用を公的資金で援助する「法律扶助制度」、公務員である公設弁護人が弁護にあたる「公設弁護人事務所制度」等がありますが、具体的にどのような制度内容にするかはおくとしても、公的被疑者弁護制度を採用することは決定しました。

いずれを採用するにせよ、公的被疑者弁護制度を導入するとなれば、一定の要件を満たすすべての国民が等しく利用できる制度としなければならず、そのためには、どの地域にも、制度を担うに十分な数の弁護人が存在している必要があります。しかしながら、現状では、弁護士の数は地域間格差が著しく、いわゆる弁護士過疎の問題が生じています。そこで最近、日弁連は、弁護士過疎地域に公設事務所を設置する試みに着手するなどして、この問題に対処しています（Q13参照）。

コラム

当番弁護士

もし、あなたが交通事故や傷害事件などの刑事事件で逮捕されたとき、弁護士を呼ぶことはできるでしょうか。もちろん、あなたが弁護士を依頼する権利は憲法で保障されています。しかし、知っている弁護士がいない、費用の心配があるなどの理由で、弁護士に依頼することを躊躇してしまうのではないでしょうか。

しかし、法律の素人であるあなたが、弁護士のアドバイスを受けずに取調べを受けていると、不安や混乱のため取り返しのつかない対応をしてしまうこともあります。とくに、早く釈放されたいと焦って、警察の描いたストーリーに沿って嘘の自白をしてしまった場合は、たいへんなことになります。

こういう場合のために、各地の弁護士会が一九九二年から全国的に実施しているのが、当番弁護士制度です。あなたは、警察官、検察官、裁判官のいずれかに「当番弁護士を呼んでください」と言えばよいのです。当番弁護士として待機している弁護士が、速やかに駆けつけてくれます。最初の面会（接見）は、弁護士会が費用を負担するから、無料です。その後も引き続き弁護を希望する場合は、弁護士会の報酬規定に沿って費用を支払います。弁護士費用の支払いが経済的に困難な場合は、法律扶助制度を利用することもできます。

当番弁護士は弁護士会の負担で運営されていますが、それには限界があり、日弁連は国費による被疑者の弁護制度の確立を主張してきました。現在も、起訴された後には費用を国が負担する国選弁護人をつけることができますが、起訴される前にはそれができません。起訴されて被告人となる前の段階の被疑者にも国選弁護人をつけられるようにしよう、というのが日弁連の主張です。当番弁護士制度は、被疑者国選弁護制度を実現するまでの、また、実現するための過渡期の制度なのです。

なお、市民の側でも、この当番弁護士制度を支え、被疑者国選弁護制度を実現するために、「当番弁護士制度を支援する市民の会」が各地に作られ、活発に活動をしています。「市民の会」は、司法制度改革についても、弁護士会とともに市民公聴会を開催するなど、積極的に取り組んでいます。

Q37

無実の罪で泣く人がでないように

犯罪被害者の権利は守られているのでしょうか？

●刑事司法のパラダイム転換

犯罪被害者は事件の当事者であるのに、刑事司法において「忘れられた」存在です。かつては犯罪の捜査や訴追（訴えること）が被害者自身によって行われていた時代もあったのですが、現在は犯罪の捜査と訴追は国家によって行われています。被害者は刑事司法の主体ではなくなり、捜査・公判における情報収集の「手段」や犯罪者の更生・社会復帰に際して考慮される条件としてしか考えられてきませんでした。

しかし、最近、被害者の権利を確立するために刑事司法の「パラダイム転換」（視座の転換）が必要だという主張がされてきました。これは欧米における被害者の権利確立の動向と「地下鉄サリン事件」などの組織犯罪や交通事犯・性犯罪・少年犯罪などの被害者保護を求める世論を背景にして有力になった主張です。

犯罪被害者が刑事司法において主体的な地位を与えられず、その保護に欠けるようでは、「市民のための刑事司法」とはいえません。また、被害者の権利を確立することは、被疑者・被告人の権利保護を前進させるうえでも必要です。被害者の権利と被疑者・被告人の権利を対立させ、「被害者の権利が確立していないのだから、被疑者・被告人の権利も守られなくてよい」という意見がありますが、これは「市民のための刑事司法」に逆行するものでしょう。

日弁連は一九九七年四月に犯罪被害回復制度等検討協議会を設置し、同協議会は一九九九年五月「犯罪被害者基本法要綱案」を答申しました。この「要綱案」では「犯罪被害者の権利を明確にするとともに、支援のための施策を講ずることは、日本国憲法の要請というべきである」と宣言し、総合的施策を提案しています。また、一九九九年七月に法務省は「刑事手続における犯罪被害者等の保護」に関するパブリック・コメントを行い、これに基づいて二〇〇〇年五月に刑事訴訟法が改正されました。

犯罪被害者の権利確立のために、次のような司法制度の改革が進められています。

●被害者保護

犯罪被害者は捜査において情報提供を求められますが、事情聴取の方法によっては精神的にダメージを受ける場合もあります。また、公判においては証人として尋問され、精神的に苦痛を受けたり、犯罪者から報復を受けたりする場合もあります。

　こうしたことから犯罪被害者を保護するため、一九九六年の被害者対策要綱（警視庁の通達）、九九年改正の犯罪捜査規範で、被害者の心情への理解と被害者の尊厳への配慮が義務づけられました。また、証人尋問に関しては、九九年五月の改正刑事訴訟法で、証人への親やカウンセラーなど適当な者の付き添い、被告人と証人の遮蔽（証人の姿を被告人から隠す）、ビデオリンク方式（証人を法廷外の別室に在室させ、双方向のテレビモニターを通じて証人尋問を行う）が実現しました。

●被害者への情報提供

　九〇年代に入ってから犯罪被害者の「知る権利」が主張され、警察・検察は犯罪被害者への情報提供制度を整備してきました。また、二〇〇〇年五月に成立した犯罪被害者保護法は、犯罪被害者による損害賠償請求権の行使のための刑事記録の閲覧謄写を認めました。

　しかし、不起訴事件については犯罪被害者が事件の内容を知ることは著しく困難であり、被疑者の人権保障を考慮しつつ不起訴事件の情報提供制度を確立することが求められています。

●被害者の手続関与

　捜査の段階では、犯罪被害者は告訴・告発・被害届提出によって、刑事手続に関与することができます。精神的にダメージを受けた犯罪被害者が、感情を整理して告訴を行う意思を固めるには時間がかかることから、改正刑事訴訟法では、告訴期間の適用対象から強姦等を除外しました。

　公訴の段階では、犯罪被害者は検察審査会（Q25参照）への申立て、準起訴手続（公務員による人権蹂躙事件について検察官が不起訴処分をしたときに、犯罪被害者が裁判所に対して審判を開始するように請求する制度。付審判請求手続ともいう）の請求、起訴猶予の際の被害者の意見聴取などによって刑事手続に関与できます。検察審査会の申立人は審査に出席し意見を陳述することができませんが、検察審査会、準起訴手続における被害者の手続参加の強化が課題になっています。公判における被害者の意見陳述は、改正刑事訴訟法で制度として認められました。

●被害者の損害回復

　被害者の損害回復のための制度としては犯罪被害者等給付金制度がありますが、対象や支給額に制限があり、被害補償制度としては不十分です。埼玉県嵐山町が条例で、町が犯罪被害者への支援金を支給する制度を設立したことが注目されています。

　また、犯罪被害者保護法は、被害者と被告人の示談の内容を公判調書へ記載して、裁判上の和解と同じ効力を認めるという制度を作りました。

Q38

いま、私たちにできること

私たちが司法をチェックする方法はありますか？

「国民の司法参加」が今般の司法改革の一つのテーマになっていますが、市民が直接司法に携わるという方法以外にも、間接的に司法をチェックすることは現在でもできます。

●国民審査

まずは、「最高裁判所裁判官の国民審査」です。その内容は、最高裁判所裁判官に任命された後、初めて行われる衆議院議員総選挙の際に、またその後一〇年を経過した後に初めて行われる衆議院議員総選挙の際に、国民投票を行い、投票者の過半数が罷免を可とした場合に、その裁判官が罷免されるというもので、憲法で保障された国民の権利です（憲法七九条二項ないし四項）。

しかし、この制度は、司法人事に国民が直接異議を申し立てることのできる唯一の手段であるにもかかわらず、形骸化していることが以前から指摘されています。

制度導入から現在に至るまでの五〇余年間、実際に罷免された裁判官は皆無であり、常に、どの裁判官に対しても「罷免すべき」とする不信任票は全体の一〇％前後を推移しているのみで実効性に欠ける状況ですが、急速に発達したインターネット上では、今回の総選挙に伴って国民審査が行われることが明らかになるとすぐに、町村泰貴《やすたか》・亜細亜大学法学部助教授の手による各対象裁判官の顔写真が公開され、判決履歴・出身母体・最高裁判事就任以前のエピソード等も詳細に紹介されました。ネット上では模擬国民審査も行われ、現行制度で行うことのできる罷免要求の×印のみならず、積極支持の〇印やその理由なども表明されました。

そうした動きも受けて、今回の国民審査の結果では、弁護士出身の元原判事・梶谷判事二人が、その民主的な判決のあ

【最高裁裁判官国民審査の結果】

2000.6.25実施　中央選管発表（パーセント計算は編集部）

	無印票（罷免を否）	×印票（罷免を可）
亀山継夫	51,609,972票	5,919,825票（11.5%）
大出峻郎	52,040,102票	5,489,744票（10.5%）
町田　顕	52,139,719票	5,390,158票（10.3%）
金谷利広	51,993,280票	5,536,630票（10.6%）
奥田昌道	52,103,846票	5,426,058票（10.4%）
山口　繁	52,002,621票	5,527,290票（10.6%）
元原利文	52,550,174票	4,979,746票（ 9.5%）
梶谷　玄	52,535,158票	4,994,732票（ 9.5%）
北川弘治	52,109,242票	5,420,683票（10.4%）

り方を評価され、罷免要求割合が他の官僚主義的とされた裁判官よりも低く、一〇％を切る結果となりました。

●裁判の傍聴

また、裁判は原則として公開して行われ、市民の傍聴の自由が保障されています（憲法八二条）。これは、密室裁判により独善的で不公平な裁判が行われることを防止するために、憲法が制度として用意したことなのです。

市民は、司法がどのようなかたちで運営されているか、生の事件がどのようなかたちで解決されていくかを、その目で確かめることができます。

現在の司法が本当に機能しているのか、それを確かめるためにも、一度裁判の傍聴をされることをお薦めします。

コラム

裁判を傍聴してみよう

通常の裁判が公開で行われていることは中学生でも知っていますが、実際に裁判の傍聴を経験した人は意外と少ないものです。

法曹三者がぶつかり合い、火花を散らす現場は、刑事事件を扱う法廷です。犯罪を犯したおそれのある被疑者の行為をめぐって、検察官と弁護士とが互いに主張を繰り広げ、そこに示された議論や証拠のなかから、裁判官は判決の方向を見出していきます。その現場は実際にはどのようなものなのでしょうか。

実際に、東京地方裁判所（電話〇三―三五八一―五四一一）に出かけ、そのようすを見てみましょう。最寄り駅は地下鉄霞が関駅。A1出口から出て一分も歩かないうちに、東京地方裁判所と東京高等裁判所の合同庁舎前に出ます。

傍聴は、裁判所一階の守衛カウンターにある開廷表で興味のある裁判を探し出し、開始時刻までに法廷の傍聴席に座っていればいいだけ。

世間の耳目を集めた事件など、傍聴希望者が多い裁判だと、裁判が始まる三〇分ぐらい前に抽選が行われ、当選した人だけに傍聴券が配付されるのですが、そのような裁判を見たいのでなければ、手続はまったく必要ありません。傍聴人の多い裁判は午前中に行われることが多いので、午後一時から始まる裁判のほうでじっくりと裁判のようすを見学すればいいでしょう。

バイクのヘルメットなど法廷内で武器になりそうなものは、裁判所入口のゲートでチェックされ、預けることになりますが、たいていは何も言われないままですから、荷物検査をしているようなときでも、安心して大丈夫。

東京のこの合同庁舎は、エレベーターを境にして南北に分かれたかたちで表示されていますが、これらは同じ建物で、下から順に、簡易裁判所（刑事）・地方裁判所・高等裁判所となっています。同じような法廷ばかりが続いているので間違えないように。

裁判は長いものでも一時間程度で終わるのが普通です。裁判官が判決だけ読み上げて終わりということもあり、そのまま座っていると、次の裁判がまた同じ裁判長の下で行われるのが見てとれてまた興味深いものです。

時間的余裕があれば、簡易裁判所の裁判を見るのもいいですね。約一時間半で一つの裁判がすべて行われて、その場で判決が出されます。

守衛カウンターには裁判所のパンフレットも用意されています。はじめにもらって、理解の手助けにするのもいいでしょう。実際に傍聴してみると、裁判所の印象は案外開かれたもののようにも見えることでしょう。

いま、私たちにできること

Q39 学校でも司法についての教育が必要ではないでしょうか?

●市民のための法教育

今般の司法改革で、法教育についての議論がなされているといえば、ほぼ法曹教育についてでした。法曹人口の飛躍的な増員に伴い、質の高い法曹を供給するために、ロースクール構想など法曹養成制度の改革が議論されているのです。

しかし、質の高い法曹人口を増員しただけで、これまでとどうって変わって、誰もが裁判所を利用できる「市民のための司法」が実現できるでしょうか?

答えはノーです。司法を利用するユーザー自身も変わっていかなければならないのです。つまり、いくら豊富で適切な紛争解決メニューが制度として整備されたとしても、ユーザーがそれを利用しきれないのでは意味がないからです。

法教育が必要なのは、なにも法曹だけではありません。市民にも、また将来の市民たる中高校生にこそ、法教育が必要なのではないでしょうか?

もちろん、法曹養成のための法教育と中高校生のための法教育とは当然レベルも質も異なります。後者のための法教育は、司法というものの存在意義や社会における法の役割を学び、市民として、司法へのアクセス手段を学んでおくことが、来るべき真の司法社会に必要なのです。

中高生に必要な教育には、大きくわけて二つのものがあります。

●リーガル・マインドを養う

一つには、憲法の精神を学び、いかに人権が保障されているか、またいかに保障されていかなければならないかを知るということです。これまでの中高校レベルでの法教育は、公民、現代社会、または政治経済科目がそれを担当していましたが、その内容はわが国の憲法の基本原理や行政組織を「知識」として教えるにとどまり、裁判所がいかに人権や権利を確保していくかという、司法の役割や法というものが何のためにあるのかといった教育がほとんど行われてきませんでした。

これは、アメリカの初・中等教育と比較すると、差は歴然としています。アメリカでは、小学校の段階から、「公正」とは何か、「正義」とは何か、「責任」とは何かといったことをわかりやすく具体的なイメージをもって考えるための教育プログラムが開発されており、それが実践されているのです(コラム参照)。

●司法を使うために

そして、もう一つは、司法のユーザー

としての教育です。実際に訴訟を起こすにはどうすればよいのか、また訴えられた場合にはどうすればよいのかという実践的な教育です。このような教育は、結局、成人するまでのどの段階においてもなされていないため、現実に法律問題が発生しても十分な対応ができず、法律を生かしきれないまま、泣き寝入りという事態を招いているのです。

●社会の主役は市民

司法改革は、法曹内部の改革にとどまるものではありません。それを利用する側の人間の改革も必要なのです。

来る二一世紀では、市民は社会の主役でなければなりません。そのためには市民が、権力から自己を守り、また自ら社会の意思決定に参加するための最低限の知識と素養が育てられなければならないのです。

コラム

法教育と「公正なクマ」

汚職事件、企業による人権侵害、凶悪事件など、法と人権を無視する事件が相次いで報道されています。また、学校でのいじめや少年事件も増加しています。そしてその裏で、裁判に訴えることも知らずに泣き寝入りする被害者もいます。

裁判所の法に基づく判断によって自己の権利を実現できること、他人の自由を不当に奪ってはならないこと、弱者は社会的に保護されるべきことなどは、本来、社会に出てくる前に当然の常識として知っておくべきことがらです。

しかし従来の学校教育では、司法に関する教育が正面から取り上げられていないばかりか、一九九九年の学習指導要領では「現代社会」の時間が半減しました。

このような事態を危惧し、学校における法教育の浸透をめざして活動するグループに「全国法教育ネットワーク」があります。グループの中心人物で、自らの高校で法教育を実践している渡邊弘教諭は、授業で、自分が逮捕された場合どうなるのか、という切実な問題から刑事手続に入り、陪審制、死刑制度、少年犯罪と少年法などについて「正解」を与えることなく討議させ、自分の判断に基づく意見発表・議論を経験させています。

これまでは、たしかに、憲法の統治の仕組みが三権分立であること、平和主義、人権保障などを教わることはあっても、それは、試験のために覚える「知識」にすぎなかったのではないでしょうか。法や裁判制度のに関する知識は、誰にとっても必要であり、身を守る知恵として本来必須のものです。古典の文法や使えないような英語に比べたら、はるかに重要な教育科目といえます。社会に出てトラブルに巻き込まれからでは遅すぎるのです。

このような法律に関する教育を法教育といっていますが、アメリカではすでにこうした教育が小・中・高で行われています。たとえば、アメリカの公民教育センターの法教育カリキュラムが開発した、「正義」についてのプログラムでは、クマの一家を登場させ、蜂蜜を見つけた子クマはそれを分けるべきかどうか、そしてどのように分けるのがフェア（公平）なのか、といったことを考えさせる内容となっています。

アメリカとのビジネス交渉の際、「フェアでない」という攻撃はたいへん効き目がある」といわれることがあります。まさに「正義」の教育が徹底していることを裏づけてはいないでしょうか。

いま、私たちにできること

Q40 私たちの声を司法改革に反映させる方法はありますか？

●市民の意見表明

冒頭のマンガに出てきたタカシ君が、冤罪の怒りや司法に対する不信感をいまの司法制度改革に反映させる手段はないのでしょうか？　そんなことはありません。彼には、司法改革を通じて自らの体験をアピールし、第二のタカシ君を生まないための制度改革に向けて自らの声を反映させることができます。司法改革はなにも政府や財界、日弁連だけのものではなく、市民のためにこそあるものです。

いま、全国各地で市民が司法改革に向けて動いています。さまざまなフォーラムや市民会議で、自分の意見を発表しているのです。私たちも、さまざまな方法で現在進行中の司法制度改革に意見を反映させることができます。

たとえば、最も直接的なやり方としては、司法制度改革審議会公聴会で、自分の意見を直接審議会の委員に伝えるというやり方です。ただ、これには一定の制限があります。

また、誰でも簡単にできるやり方として、司法制度改革審議会のホームページ上に、自分の意見を電子メールで送信することができます。

そのように直接に審議会に対してアピールする方法に加え、各フォーラムやシンポジウムに積極的に参加し、そこでの意見形成に参画するという手段もあります。

●司法改革は自分自身のため

「国民一人ひとりが、統治客体意識から脱却し、自律的でかつ社会的責任を負った統治主体として、互いに協力しながら自由で公正な社会の構築に参画していくことが、二一世紀のこの国の発展を支える基盤である」と、司法制度改革審議会の論点整理でも高らかに宣言されています。

いまこそ市民は、自らが生活していく社会の基盤となる司法制度のあり方について、真剣に考えなければいけません。

二一世紀の私たちの社会がどこへ向かっていくのか、その基盤となる司法制度をどうするか、いままさに議論されています。私たちは幸か不幸か、わが国の将来を左右する重大な改革の渦中にいるのです。

なりゆきに任せますか？　自分の意見を反映させる手段はいくらでもあります。

私たちの住む「この国のかたち」をしっかり考え、議論し、それを反映させていきましょう。

コラム

「日独裁判官物語」と「日本裁判官ネットワーク」

日本とドイツには、第二次大戦下での独裁政権・敗戦と焦土からの復興・まじめな国民性など、多くの共通項が見られます。ただ、そうであるにもかかわらず、ドイツは独裁政権への猛省に基づく戦後処理問題の解決や環境汚染への現実的対応などをなしえていて、現在では「ドイツにできたことがなぜ日本にはできていないのか」が問われてきています。

「日独裁判官物語」は、そうした問いかけを裁判所のあり方へ向けたドキュメンタリー映画で、冒頭では黒塗りの公用車で仰々しく登庁する日本の最高裁判事と、軽快にバイクを操り出勤するドイツの連邦憲法裁判所(日本の最高裁にあたる)の判事とが対比され、各裁判所がもつ基本姿勢の違いを明らかにしています。

続いてドイツの裁判所の姿勢を語るのは連邦憲法裁判所のリンバッハ長官。彼女によると、ドイツの裁判所は「市民のための裁判所」をめざし、市民へのサービス機関としての役割を積極的に果たそうと努めているとのこと。事実、裁判所は商店街や駅の近くなど利用しやすい場所に設けられ、法律をわかりやすく解説した小冊子や託児所もあって、気軽に利用できるよう工夫されています。また、法律扶助制度も整備されていて、経済弱者であっても裁判を受ける権利は保障されています。

一方、日本の裁判所の門は市民に対し、いかにも消極的にしか開かれていません。裁判所前での撮影拒否のようすを目の当たりにすると、ドイツとの差がまざまざと思い知らされます。

裁判官へのインタビューでは、憲法で保障されているはずの裁判官の自由が日本では形骸化している点が語られています。最高裁の意向になじまない裁判官はなかなか希望する任地へ行けないという差別があり、給料も据え置きというかたちで同期との格差が開くといわれています。また、「部総括裁判官」と呼ばれる合議体の裁判長への指名もされず、ヒラの裁判官として辺地中心勤務で消耗していく仕掛けです。平均で「週八〇時間労働」といわれる裁判官の現実とは、土曜返上で週六日間、毎日一三時間働かざるをえないということであり、黒塗りの公用車の中もまた閉塞しています。

このような状況のなかで、一九九九年九月、現役の裁判官が広く一般に向けて自ら名乗り、発言していくことを目的として、日本の現役裁判官によって「日本裁判官ネットワーク」が設立されました。政治的また労働組合的性質などはもたず、メンバー裁判官の自由な意思を妨げるような決議、決定は一切しないことを規約で明言しているこの団体は、いままで顔が見えないといわれてきた裁判官像を打ち破り、社会との接点を求め、積極的に市民のなかに入っていこうとする有志によって立ち上がったものでした。

「日本裁判官ネットワーク」設立から二周年の二〇〇〇年九月には、東京でシンポジウムも開かれ、「裁判官とともに考えよう」というテーマで活発な議論が繰り広げられ、「思想や判決の内容によって異動や昇給で差別されないように人事を透明化すべきだ」といった裁判所改革への提言は、こうした組織ができたことではじめて裁判官自らが訴えうる話題となりました。

「裁判所は少数者のリターンマッチの場」という理想が、必ずしも成立していなかったこれまでの司法のあり方に対して、裁判官のなかからも、一つのうねりが生まれています。

日本裁判官ネットワークホームページ
http://www.dab.hi-ho.ne.jp/judge-net/

司法制度改革審議会設置法

設置

第一条　内閣に、司法制度改革審議会（以下「審議会」という。）を置く。

所掌事務

第二条　審議会は、二十一世紀の我が国社会において司法が果たすべき役割を明らかにし、国民がより利用しやすい司法制度の実現、国民の司法制度への関与、法曹の在り方とその機能の充実強化その他の司法制度の改革と基盤の整備に関し必要な基本的施策について調査審議する。

2　審議会は、前項の規定により調査審議した結果に基づき、内閣に意見を述べる。

組織

第三条　審議会は、委員十三人以内で組織する。

委員

第四条　委員は、学識経験のある者のうちから、両議院の同意を得て、内閣が任命する。

2　前項の場合において、国会の閉会又は衆議院の解散のために両議院の同意を得ることができないときは、内閣は、同項の規定にかかわらず、同項に定める資格を有する者のうちから、委員を任命することができる。

3　前項の場合においては、任命後最初の国会で両議院の事後の承認を得なければならない。この場合において、両議院の事後の承認が得られないときは、内閣は、直ちにその委員を罷免しなければならない。

4　内閣は、委員が破産の宣告を受け、又は禁錮以上の刑に処せられたときは、その委員を罷免しなければならない。

5　内閣は、委員が心身の故障のため職務の執行ができないと認めるとき、又は委員に職務上の義務違反その他委員たるに適しない非行があると認めるときは、両議院の同意を得て、その委員を罷免することができる。

6　委員は、職務上知ることができた秘密を漏らしてはならない。その職を退いた後も同様とする。

7　委員は、非常勤とする。

会長

第五条　審議会に、会長を置き、委員の互選によりこれを定める。

2　会長は、会務を総理し、審議会を代表する。

3　会長に事故があるときは、あらかじめその指名する委員が、その職務を代理する。

資料提出その他の協力

第六条　審議会は、その所掌事務を遂行するため必要があると認めるときは、関係行政機関、最高裁判所及び日本弁護士連合会に対して、資料の提出、意見の開陳、説明その他必要な協力を求めることができる。

2　審議会は、その所掌事務を遂行するため特に必要があると認めるときは、前項に規定する者以外の者に対しても、必要な協力を依頼することができる。

事務局

第七条　審議会の事務を処理させるため、審議会に事務局を置く。

2　事務局に、事務局長（関係のある他の職を占める者をもって充てられるものとする。）のほか、所要の職員を置く。

3　事務局長は、会長の命を受けて、局務を掌理する。

主任の大臣

第八条　審議会に係る事項については、内閣法（昭和二十二年法律第五号）にいう主任の大臣は、内閣総理大臣とする。

政令への委任

第九条　この法律に定めるもののほか、審議会に関し必要な事項は、政令で定める。

附則

施行期日

1　この法律は、公布の日から起算して三月を超えない範囲内において政令で定める日から施行する。ただし、第四条第一項中両議院の同意を得ることに関する部分は、公布の日から施行する。

特別職の職員の給与に関する法律の一部改正

2　特別職の職員の給与に関する法律（昭和二十四年法律第二百五十二号）の一部を次のように改正する。

第一条中第十七号を第十六号の二とし、第十七号の二を第十七号とし、同号の次に次の一号を加える。

十七の二　司法制度改革審議会の委員

第二条中「第十七号」を「第十六号の二」に改める。

第九条中「第一条第十七号の二」を「第一条第十七号」に改める。

この法律の失効

3　この法律は、附則第一項の政令で定める日から起算して二年を経過した日にその効力を失う。

司法制度改革審議会設置法案に対する附帯決議

本法の施行に当たっては、次の事項について格段の配慮をすべきである。

一　政府は、審議会の設置及び運営に当たって、司法権の独立を侵害しないように配慮すること。

二　政府は、審議会の委員の選任に当たって、司法制度の実情を把握すると同時に国民各層からの声が十分に反映されるように努めること。

三　政府は、審議会の事務局に構成及び運営については、審議会の審議を公正に補佐することができるよう民間人の登用も含め配慮・指導すること。

四　審議会は、その審議に際し、法曹一元、法曹の質及び量の拡充、国民の司法参加、人権と刑事司法との関係など司法制度をめぐり議論されている重要な問題点について、十分に論議すること。

五　審議会は、その調査審議の状況に関し、情報公開等透明性の確保に努めることとし、法務委員会は、必要に応じ、同審議会事務局を介して、同審議会の議事録並びに審議の状況について報告を求めることができるものとすること。

六　政府は審議会の調査審議と並行して、裁判官及びその他の裁判所職員の増加、下級裁判所の施設の充実等裁判所の人的・物的拡充に努めるとともに、既に一定の方向性の示されている法律扶助制度等の諸制度の充実を図ること。

審議会委員のプロフィール

審議会会長

佐藤幸治
さとう・こうじ
63歳
京都大学大学院
法学研究科教授

日本を代表する憲法学者の一人。行政改革の中枢に関与した行政改革会議（橋本首相直属九六年一一月～九七年六月）と中央省庁改革推進本部（小渕首相直属九八年六月～九九年七月）で活躍。同本部では内閣機能の強化を提唱。

代表する論文集として、『憲法訴訟と司法権』（日本評論社、一九八四年）、『現代国家と司法権』（有斐閣、一九八八年）がある。

いま、なぜ司法改革かの問いに、①個人の自律性を尊重する社会へ、②司法の行政機構に対するチェックの強化、③グローバル化、を挙げている。

審議会会長代理

竹下守夫
たけした・もりお
68歳
駿河台大学学長

民事訴訟法学会の第一人者で、数多くの民事訴訟関係の改正に関与。

本審議会の論点項目のひとつである「法律扶助」に関し、同制度研究会の座長として、一昨年報告書をまとめ、法務大臣に提出している。

…審議会提出レポート……………………
「国民の期待に応える民事司法のあり方について」

審議会委員

石井宏治
いしい・ひろじ
63歳
（株）石井鉄工所
代表取締役社長

一九九七年一一月から、東京商工会議所経済法規委員会委員長の職にあり、大企業ではなく、中堅・中小企業の視点からの意見の反映が期待されている。審議会の委員のなかでは、唯一技術系の人間。

…審議会提出レポート……………………
「弁護士の在り方」

審議会委員

井上正仁
いのうえ・まさひと
51歳
東京大学大学院
法学政治学研究科教授

『捜査手段としての通信・会話の傍受』（有斐閣、一九九七年）という論文では、法務省刑事局が作成した「事務局参考試案」を理論的に支持し、いわゆる組織的犯罪対策三法案成立を推進する役割を果たした。

法科大学院（仮称）構想に関する検討会議にも出席。

…審議会提出レポート……………………

「法曹養成制度のあり方について」

審議会委員

北村敬子

きたむら・けいこ

54歳

中央大学商学部長兼

同教授

会計学とりわけ企業会計という企業法務に関連する分野の研究に従事。

主要な論文として、「会計環境の変化と財務報告の課題」会計一四三巻一号（一九九三年）、「企業情報の信頼性確保に向けて」企業会計一五一巻一号（一九九九年）などがある。

…審議会提出レポート……………………

「隣接法律専門職種について」

審議会委員

高木 剛

たかぎ つよし

55歳

ゼンセン同盟会長兼

日本労働組合総連合会

副会長

過去に外務省に出向し、労働組合出身第一号の外交官（タイ国日本大使館一等書記官）として経済協力を担当。ほか繊維産業関連労組の国際組織であるＩＴＧＬＷＦ（国際繊維被服皮革労組同盟）の副会長、同アジア地区組織のＴＷＡＲＯの会長も務め、幅広い経験による国際的視野が期待されている。

…審議会提出レポート……………………

「『国民がより利用しやすい司法の実現』及び『国民の期待に応える民事司法のあり方』に関する意見」

「国民の期待に応える刑事司法のあり方」

審議会委員

鳥居泰彦

とりい・やすひこ

63歳

慶應義塾大学塾長

兼同経済学部教授

(社)日本私立大学連盟会長

私立大学団体連合会会長

主要な著作としては、『経済発展理論』（東洋経済新報社、一九九三年）、『アメリカ歴史統計Ⅰ・Ⅱ』（監訳、原書房、一九八六年）などがある。

法科大学院（仮称）構想に関する検討会議にも出席。

…審議会提出レポート……………………

「法曹一元その他関連する問題」

審議会委員

中坊公平

なかぼう・こうへい

71歳

弁護士

（大阪弁護士会所属）

審議会委員のプロフィール

一九九〇年から九二年まで日弁連会長。九六年には、不良債権回収を業務とする（株）住宅金融債権管理機構代表取締役社長に就任し、その後九九年四月からは同社と整理回収銀行が合併した（株）整理回収機構代表取締役社長を務め、同年八月に退任した。

森永ヒ素ミルク中毒被害者弁護団長、豊田商事の破産管財人など歴史的にも有名な事件を手がけ、弁護士として幅広い業務に携わってきた。

九〇年に日弁連会長に就任してから、司法改革の必要性を提唱し、日弁連内に「司法改革推進センター」を設置するなど、改革の基盤づくりに奔走してきた。

審議会では、弁護士改革を「司法改革の登山口」と捉え、徹底した弁護士改革を提案している。また審議会の方向性について強い影響力と主導権を握っている。

…審議会提出レポート……………………
「弁護士制度改革の課題」

審議会委員

藤田耕三
ふじた・こうぞう
68歳
弁護士
（第一東京弁護士会所属）

千葉地裁所長、東京地裁所長、仙台高裁長官、広島高裁長官を歴任。

七一年から七六年までの五年間、公害等調整委員会に出向。さらに東京地裁保全部部総括の経験がある。退官後は公安審査委員会委員長に就任。

著書に、竹下守夫委員との共著で『注解民事保全法（上・下）』（青林書院、一九九八年）、『民事保全法』（有斐閣、一九九七年）がある。

審議会委員のなかで唯一の裁判官出身者。

…審議会提出レポート……………………
「国民の司法参加について」

審議会委員

曽野綾子
その・あやこ
68歳
小説家

キリスト教精神に根ざした小説やエッセイ等を執筆。『神の汚れた手』（朝日新聞社、一九八〇年）、『湖水誕生』（中央公論社、一九八五年）、『地球の片隅の物語』（PHP研究所、一九九七年）など多数。

九五年一二月より、（財）日本財団会長を務め、公益活動のためアフリカなど一〇八カ国を訪問。

過去に臨時教育審議会委員、脳死及び臓器移植調査会委員等を歴任。

審議会では、司法・法律に対する懐疑的な視点から、人間の本質に根ざした問題提起を連発している。

審議会委員

水原敏博

みずはら・としひろ

69歳

弁護士

（第一東京弁護士会所属）

東京地検特捜部、東京地検総務部長、法務大臣官房審議官（刑事局担当）、最高検検事などを経て、札幌・水戸・横浜各地検検事正、仙台高検検事長を歴任し、九一年名古屋高検検事長に就任中、新たに発足した証券取引等監視委員会（いわゆる日本版ＳＥＣ）の初代委員長に就任し、二期六年を務めた。

……審議会提出レポート……

「国民の期待に応える刑事司法のあり方」

審議会委員

山本 勝

やまもと・まさる

60歳

（株）東京電力常務取締役

東京電力に入社後、法務部門を含む総務畑を一貫して歩む。

九八年五月より（社）経団連経済法規委員会企画部会長に就任し、経団連としての意見形成に携わる。

一九九八年に経団連が公表した「司法制度改革についての意見」のとりまとめにも加わった。

法科大学院（仮称）構想に関する検討会議にも出席。

……審議会提出レポート……

「民事司法制度の見直しに関する課題について（骨子）」

「国民の期待に応える刑事司法のあり方」

審議会委員

吉岡初子

よしおか・はつこ

65歳

主婦連合会事務局長

主婦連が関わったジュース裁判、灯油裁判に関わるなど一貫して消費者運動、消費者の権利の確立に取り組んできた。とくに灯油裁判では、自ら原告の一人となり、行政裁判の壁の厚さを体験し、消費者・生活者の立場から裁判制度への深い関心を有している。

法科大学院（仮称）構想に関する検討会議にも出席。

……審議会提出レポート……

「国民がより利用しやすい司法の実現・国民の期待に応える民事司法レジメ」

「弁護士のあり方」

写真提供：

◎「月刊司法改革」（佐藤・竹下・石井・北村・高木・鳥居・中坊・吉岡）

◎PANA通信社（藤田・曽野・水原）

◎共同通信社（山本）

※井上正仁氏は写真を入手できなかったため、似顔絵で代用した。

司法改革関連年表

1990（平2）年　5月	日弁連、司法改革に関する宣言（第39回定期総会）
1990（平2）年　9月	大分県弁護士会当番弁護士制度実施
1992（平4）年 10月	当番弁護士制度が全弁護士会で実施
1994（平6）年　6月	（社）経済同友会『現代日本の病理と処方』
1995（平7）年　5月	日弁連、司法改革全体構想
1997（平9）年 11月	自由民主党政務調査会司法制度特別調査会『司法制度改革の基本的な方針」
1997（平9）年 12月	行政改革委員会・最終意見
1998（平10）年 1月	新民事訴訟法施行
1998（平10）年 3月	法律扶助制度研究会（座長・竹下守夫）報告書
1998（平10）年 5月	（社）経済団体連合会『司法制度改革についての意見』
1998（平10）年 6月	自由民主党政務調査会司法制度特別調査会報告『21世紀の司法 の確かな指針』
1998（平10）年10月	（社）経済団体連合会『経済再生に向け規制緩和の推進と透明な行政運営体制の確立を求める』
1998（平10）年11月	日弁連、司法改革ビジョン『市民に身近で信頼される司法をめ ざして』
1998（平10）年12月	21世紀政策研究所『民事司法の活性化に向けて』
1999（平11）年 5月	司法制度改革審議会設置法成立 日弁連、司法改革の実現を期する宣言
1999（平11）年 6月	組織的犯罪対策三法成立
1999（平11）年 7月	司法制度改革審議会初会合　会長に佐藤幸治氏選任。
1999（平11）年11月	日本弁護士連合会『司法改革へ向けての基本的提言』
1999（平11）年12月	司法制度改革審議会『司法制度改革に向けて－論点整理－』
2000（平12）年 4月	司法制度改革審議会『法曹養成制度の在り方に関する審議の状況と今後の審議の進め方について』
2000（平12）年 5月	自由民主党政務調査会司法制度特別調査会『21世紀の司法の確かな一歩－国民と世界から信頼される司法を目指して』 法科大学院（仮称）構想に関する検討会議初会合
2000（平12）年 7月	司法制度改革審議会『「国民が利用しやすい司法の実現」及び「国民の期待に応える民事司法の在り方」に関する審議結果の取りまとめ（案）』 民主党『市民が主役の司法へ＝新・民主主義確立の時代の司法改革』
2000（平12）年 8月	司法制度改革審議会集中審議（年間3000人程度の新規法曹の確保をめざすことを確認、法曹一元その他に関するとりまとめ） 法科大学院（仮称）構想に関する検討会議『法科大学院（仮称）構想に関する検討会議における議論の整理』

参考文献・Web

総論……………………………………………………………………………………………

◎日本弁護士連合会ほか編『裁判が変わる日本が変わる―わが国司法改革のゆくえ』(現代人文社)

◎大出良知・水野邦夫ほか編著『裁判を変えよう―市民がつくる司法改革』(日本評論社)

◎渡辺洋三『日本をどう変えていくのか―改革の時代を考える』(岩波新書)

法曹人口・法曹養成……………………………………………………………………………

◎ネット46編『裁判官になれない理由―司法修習と任官拒否』(青木書店)

◎東京弁護士会司法改革推進センター編『裁判官がたりない日本』(本の時遊社)

◎法律時報・法学セミナー編『シリーズ司法改革／法曹養成　ロー・スクール構想』(日本評論社)

弁護士改革………………………………………………………………………………………

読売新聞社社会部『ドキュメント弁護士―法と現実のはざまで』(中公新書)

法曹一元…………………………………………………………………………………………

◎木佐茂男監修／高見澤昭治著『市民としての裁判官―記録映画「日独裁判官物語」を読む』(日本評論社)

◎日本弁護士連合会編『市民に身近な裁判所へ―法曹一元をめざして』(日本評論社)

◎田川和幸『弁護士裁判官になる―民衆の裁判官をこころざして』(日本評論社)

◎日本裁判官ネットワーク『裁判官は訴える！―私たちの大疑問』(講談社)

陪審制……………………………………………………………………………………………

◎丸田隆『陪審裁判を考える』(中公新書)

◎丸田隆編『日本に陪審制度は導入できるのか―その可能性と問題点』(現代人文社)

◎中原精一『陪審制復活の条件―憲法と日本文化論の視点から』(現代人文社)

◎大日本陪審協会編／四宮啓復刻版監修『〈復刻版〉陪審手引』(現代人文社)

◎四宮啓『O. J. シンプソンはなぜ無罪になったか』(現代人文社)

民事・刑事司法…………………………………………………………………………………

◎渡部保夫ほか『テキストブック現代司法(第3版)』(日本評論社)

◎小池振一郎・海渡雄一『刑事司法改革　ヨーロッパと日本―国際人権の観点から』(岩波ブックレット)

◎小林道雄『日本の刑事司法―なにが問題なのか』(岩波ブックレット)

Web…………………………………………………………………………………………

司法改革市民ネットワーク　http://www.shihokaikakushimin.net/

裁判を正す会　http://www.tip.ne.jp/saiban/

裁判ウォッチング　http://www.sihousyosi.akita.akita.jp/~watching/japanese/afirstpage.html

裁判を傍聴する会・滋賀　http://www.hasegawa.otsu.shiga.jp/saiban/

陪審裁判を考える会　http://www.yokokei.org/baishin/

当番弁護士を支援する市民の会・東京　http://www.bekkoame.ne.jp/~arkadia/index.html#jump

当番弁護士を支援する会・大阪　http://www2.osk.3web.ne.jp/~kuko/npo/top.html

当番弁護士を支援する会市民の会・福岡　http://www.hf.rim.or.jp/~h-matsu/simin.html

日本裁判官ネットワーク　http://www.dab.hi-ho.ne.jp/judge-net/

司法制度改革審議会　http://www.kantei.go.jp/jp/sihouseido/

日本弁護士連合会　http://www.nichibenren.or.jp/

日本司法書士会連合会　http://www.shiho-shoshi.or.jp/

司法改革100万人署名(日弁連司法改革実現本部)　http://www.nichibenren.or.jp/siho-kaikaku/

GENJINブックレット16
司法改革Q&A
私たちのために司法が変わる!?

2000年11月20日　第1版第1刷発行

編者
現代人文社編集部

著者
司法ライターズユニオン
遠山 淳……とおやま・じゅん
山口昌子……やまぐち・まさこ
玉井真理子……たまい・まりこ
北村栄一…きたむら・えいいち

発行人
成澤壽信

編集人
西村吉世江

発行所
株式会社現代人文社
〒160-0016 東京都新宿区信濃町20 佐藤ビル201
電話
03-5379-0307(代)
FAX
03-5379-5388
E-meil
genjin@gendaijinbun-sha.com

発売所
株式会社大学図書
電話
03-3295-6861
FAX
03-3219-5158

印刷
株式会社ミツワ

マンガ
藤山成二

ブックデザイン
清水良洋

検印省略　Printed in JAPAN
ISBN4-87798-029-6 C3032